Langenscheidt

Schnell mitreden auf Italienisch

100 Wörter lernen, 500 Sätze sprechen

Langenscheidt

Autorin: Alexandra Desbalmes

1. Auflage 2020 (1,03 – 2022)

www.langenscheidt.com

Satz: Franzis print & media GmbH, München
Neugestaltung: zweiband.media, Berlin
Einbandgestaltung und Illustration „Hotel“ (Seite 28, 62):
Mariela Schwerdt, Design & Feinschliff Studio
Druck und Bindung: Publikum d.o.o

ISBN 978-3-12-514388-3

Inhalt

Benutzerhinweise

- Dieser Sprachführer macht es Ihnen so leicht wie möglich, sich in Italien zu verständigen: Sie lernen nur 100 Wörter, mit denen Sie über 500 Sätze sprechen und somit alle relevanten Reisesituationen meistern können! Um den größtmöglichen Nutzen aus diesem Buch zu ziehen, gehen Sie bitte wie folgt vor:
- Lernen Sie zunächst die 100 Wörter im nachfolgenden Hundertwortschatz. Diese wurden nicht alphabetisch geordnet, sondern in sinnhafte Gruppen gegliedert, um Ihnen das Einprägen zusätzlich zu erleichtern. Bei den Verben finden Sie nur die Formen, die Sie später tatsächlich benötigen. Alle Formen eines Verbs sind in einem Eintrag zusammengefasst.
- Sie müssen nur 100 Wörter lernen, aber Ihr Grundwortschatz ist eigentlich schon viel breiter, denn aus den Einzelwörtern kann man Zusammensetzungen bilden. Die wichtigsten dieser Wortkombinationen finden Sie bereits im Hundertwortschatz, weitere werden später in den Kapiteln in einem Sprachtipp oder einer Fußnote erklärt und sind auch im Wörterbuch am Ende dieses Buches zu finden.
- Sowohl im Hundertwortschatz als auch in den einzelnen Kapiteln gibt es gelb hinterlegte Sprachtipps, die Ihnen die wichtigsten Regeln und sprachlichen Besonderheiten des Italienischen anhand von Beispielen erläutern.
- Darüber hinaus informieren Sie die grün hinterlegten Kulturtipps über bestimmte Gepflogenheiten in Italien, die für den deutschsprachigen Besucher zunächst neu und ungewohnt sein könnten.

- In den einzelnen Kapiteln finden Sie – nach Themen geordnet – die wichtigsten Sätze und Ausdrücke, die Sie in der jeweiligen Situation sprechen oder auch verstehen möchten. Dabei handelt es sich bewusst um Sätze aus dem tatsächlich gesprochenen Alltagsitalienisch.
  An einigen Stellen wurden die Sätze durch Bilder ergänzt; das jeweilige italienische Wort zum Bild ist jedoch direkt darunter angegeben und kann als weitere Alternative in den Satz (an der Stelle „…") eingesetzt werden.

- Das Wörterbuch ganz am Ende dieses Buches bietet Ihnen die Möglichkeit des alphabetischen Nachschlagens aller italienischen Begriffe. Im Wörterbuch finden Sie alle Wörter aus dem Hundertwortschatz, alle Bild-Wörter sowie alle festen Wendungen aus den Kapiteln.

- Für die Angabe des Geschlechts bei Substantiven, Artikeln und Pronomen wurde das Zeichen ♂ für männlich und ♀ für weiblich verwendet; auch wenn ein Satz nur von einem Mann oder nur von einer Frau gesprochen werden kann, ist er durch das Zeichen ♂ für männlich oder ♀ für weiblich gekennzeichnet.
  Im Hundertwortschatz ist bei regelmäßig gebildeten Adjektiven, Pronomen und Partizipien von vielen grammatischen Formen nur die männliche Grundform aufgeführt, die zur besseren Übersichtlichkeit allerdings nicht explizit als männlich gekennzeichnet wurde.

- In allen drei Teilen dieses Buches (Hundertwortschatz, Satzmuster zu den Reisesituationen, Wörterbuch) steht bei jedem italienischen Wort die vereinfachte Lautschrift, sodass Ihnen die Aussprache keine Mühe bereitet. Bei dieser Lautschrift wurde vom Deutschen ausgegangen, d. h. bis auf wenige Ausnahmen werden alle Buchstaben so ausgesprochen, wie Sie es vom Deutschen gewohnt sind.

- Bitte beachten Sie aber die folgenden Besonderheiten bzw. Sonderzeichen:
  dsch *d* gefolgt von einem weichen *sch* (wie in *Garage*)
  s wird stimmhaft gesprochen, wie das *s* in *Sonne*
  ß wird stimmlos gesprochen, wie das *s* in *Hast*
  Bitte beachten Sie außerdem:
  Doppelkonsonanten werden im Italienischen auch doppelt gesprochen, so z. B. *troppo*, gesprochen ˈtroppo.
  Das Zeichen ˈ schließlich bedeutet, dass die nachfolgende Silbe betont ausgesprochen werden soll.

- Hier finden Sie eine Übersicht der verwendeten grammatischen Begriffe sowie einige Beispiele:

	deutsche Beispiele	**italienische Beispiele**
Artikel	das, eine, ein	il, una, un
Adjektiv	warm, schön, nett	caldo, bello, gentile
Adverb	leise, ernsthaft, gut	sommessamente, seriamente, bene
Substantiv	Reise, Flugzeug, Wetter	viaggio, aereo, tempo
Verb	sprechen, lesen, entspannen	parlare, leggere, rilassarsi
Pronomen	mir, dein, euer	mi, tuo, vostro
Partizip	angereist, geliebt, gegangen	viaggiato, amato, andato

Hundertwortschatz

1	**sì** ßi	ja
2	**no** no	nein
3	**e** e	und
4	**non** non	nicht

SPRACHTIPP

Die wichtigste Verneinung im Italienischen ist *non*. *Non* entspricht dem deutschen „nicht“ und steht immer vor dem gebeugten Verb.

5	**il** il	der
	lo lo	der; ihn, es [Pronomen]
	i ♂ i	die [Mehrzahl]

SPRACHTIPP

Beginnt ein männliches Substantiv mit *gn, ps, x, z* oder *s + Mitlaut*, wird das bestimmte Artikel *il* zu *lo*.

6	**la** la	die; sie [Pronomen, Einzahl]
	La la	Sie [Pronomen, Einzahl]
	le ♀ le	die [Mehrzahl]; ihr; ihnen; Ihnen [Pronomen, Einzahl]

7	**un** un	ein
	una ˈuna	eine
	l'una ♀ ˈluna	ein Uhr

SPRACHTIPP

Im Italienischen gibt es nur einen männlichen und einen weiblichen Artikel, keinen sächlichen. In der Grundform lautet der bestimmte männliche Artikel *il* und der unbestimmte *un*, das weibliche *la* bzw. *una*.
Vor Selbstlauten lautet der bestimmte Artikel immer nur *l'* (z. B. *l'ora* ♀ = die Stunde), egal, ob das Wort männlich oder weiblich ist. Beim unbestimmten Artikel wird die weibliche Form vor Selbstlauten zu *un'* (*un'ora* = eine Stunde).

8	**mi** mi	mir/mich
	me mä	mir/mich [betont]
9	**ti** ti	dir/dich
	te tä	dir/dich [betont]
10	**tuo** ˈtuo	dein
11	**si** ßi	sich; man
12	**suo** ˈßuo	sein; ihr; Ihr
13	**noi** ˈnoi	wir; uns [betont]
14	**voi** ˈwoi	ihr; euch [betont]
15	**vi** wi	euch

16 **vostro** ˈwoßtro	euer
17 **ci** tschi	uns; sich; dort; dorthin

SPRACHTIPP

Besitzanzeigende Pronomen passen sich immer an das Geschlecht des Substantives an, auf das sie sich beziehen: *la tua camera* (dein Zimmer), *il tuo regalo* (dein Geschenk), *i vostri biglietti* (eure Tickets), *le vostre camere* (eure Zimmer).
Im Normalfall ändert sich nur der letzte Buchstabe des Pronomens, so heißt es *vostro* ♂ und *vostra* ♀ in der Einzahl, *vo-stri* ♂ und *vostre* ♀ in der Mehrzahl.
Wie an den Beispielen zu sehen ist, muss im Italienischen – anders als im Deutschen – vor dem besitzanzeigenden Pronomen auch noch der Artikel stehen.

18 **Ciao!** ˈtschau	Hallo./Tschüs.
19 **Buongiorno.** buonˈdschorno	Guten Tag/Morgen.
20 **Arrivederci.** arriweˈdertschi	Auf Wiedersehen.
21 **Scusi.** ˈßkusi	Entschuldigen Sie./ Es tut mir leid.
Scusa. ˈßkusa	Entschuldige.
Scusate. ßkuˈsate	Entschuldigt.
Scusi? ˈßkusi	Wie bitte?
22 **grazie** ˈgrazie	danke

23 **cosa** ˈkosa	was
la cosa la ˈkosa	Sache, Ding
24 **come** ˈkome	wie
25 **quando** kuˈando	wann; wenn
26 **quanto** kuˈanto	wie viel
27 **quale** kuˈale	welcher, welche
quali kuˈali	welche [Mehrzahl]
qualcuno kualˈkuno	(irgend)jemand
qualcosa kualˈkosa	(irgend)etwas
28 **dove** ˈdowe	wo; wohin

SPRACHTIPP

Das Wort *dove* ist z. B. im Ausdruck *dov'è* (wo ist) zu finden. Zur Erleichterung der Aussprache verschwindet hier das *e* von *dove*. Beispiel: *Dov'è il regalo?* (Wo ist das Geschenk?). Fragt man nach mehreren Dingen oder Personen, heißt es: *Dove sono i biglietti?* (Wo sind die Tickets?).
Ebenso verhält es sich mit den Wörtern *come* (*com'è* = wie ist), *cosa* (*cos'è* = was ist) und *quale* (*qual'è* = welcher/welche/welches ist).

29 **che** ke	dass; was für ein/eine/eines; wie; was, der/die/das [rückbezüglich]; als
30 **qui** kuˈi	hier
31 **questo** kuˈeßto	dieser
32 **quello** kuˈello	jener

33	**tutto** ˈtutto	alles; ganz
34	**due** ˈdue	zwei
35	**più** pju	mehr; mehrere
36	**molto** ˈmolto	viel; sehr
37	**tanto** ˈtanto	so viel; so sehr
38	**troppo** ˈtroppo	zu viel; zu
39	**niente** ˈnjente	nichts
40	**altro** ˈaltro	anderer; weiterer

SPRACHTIPP

Die weibliche Form und die Mehrzahl von *quanto* (wie viel), *questo* (dieser), *tutto* (ganz), *molto* (viel), *tanto* (so viel), *troppo* (zu viel) und *altro* (anderer) werden ebenso wie die von den meisten italienischen Adjektiven folgendermaßen gebildet: Ersetzt man das *-o* am Ende des männlichen Wortes durch ein *-a*, so erhält man die weibliche Form (z. B. *questa* ♀ = „diese“). Ersetzt man es durch ein *-i*, erhält man die Mehrzahl der männlichen Form (z. B. *questi* ♂ = „diese“). Ersetzt man es durch ein *-e*, erhält man die Mehrzahl der weiblichen Form (z. B. *queste* ♀ = diese).

41	**ieri** ˈjeri	gestern
42	**oggi** ˈodd~~sch~~i	heute
43	**domani** doˈmani	morgen
44	**ora** ˈora	jetzt, nun
	l'ora ♀ ˈlora	Stunde; (Uhr-)Zeit

45	**subito** ˈßubito	sofort
46	**ancora** anˈkora	noch
47	**tardi** ˈtardi	spät
48	**a** a	nach, zu; bis; um; an
	alle ˈalle	um [bei der Uhrzeit]
49	**con** kon	mit
50	**per** per	für; nach; um zu
51	**in** in	in; auf; an
52	**di** di	von; aus; für; als
53	**da** da	zu; von; seit; aus
54	**ma** ma	aber; sondern
55	**la mattina** la matˈtina	Morgen; Vormittag
56	**il giorno** il ˈdschorno	Tag
57	**la sera** la ˈßera	Abend
	stasera ßtaˈßera	heute Abend
58	**la notte** la ˈnotte	Nacht
59	**il tempo** il ˈtempo	Zeit; Wetter
60	**il nome** il ˈnome	Name
61	**la camera** la ˈkamera	Zimmer
62	**il letto** il ˈlätto	Bett
	il lettino il letˈtino	Kinderbett

63	**il pasto** il ˈpaßto	Mahlzeit
64	**il biglietto** il biˈljätto	Fahrkarte; Eintrittskarte; Ticket
65	**la taglia** la ˈtalja	Kleidergröße
66	**il regalo** il reˈgalo	Geschenk
67	**Germania** dscherˈmanja	Deutschland*

SPRACHTIPP

Die meisten Wörter auf *-o* sind männlich, die meisten Wörter auf *-a* weiblich. Wörter auf *-e* können entweder männlich oder weiblich sein.
Zur Bildung der Mehrzahl wird bei männlichen Substantiven das *o* oder *e* am Ende durch ein *i* ersetzt (*biglietto – biglietti, nome – nomi*). Bei weiblichen wird das *a* durch ein *e* bzw. das *e* durch ein *i* ersetzt (*camera – camere, notte – notti*).

68	**bene** ˈbene **meglio** ˈmeljo	gut [Adverb] besser
69	**male** ˈmale	schlecht [Adverb]

* Lernen Sie hier bitte nur Ihr jeweiliges Herkunftsland:
Austria ˈaußtria — Österreich
Svizzera ˈswitzera — Schweiz

70	**buon(o)** bu'ono	gut
71	**bel(lo)** 'bällo **bellissimo** bel'lißßimo	schön, hübsch wunderschön

SPRACHTIPP

Stehen die Adjektive *buono* (gut) und *bello* (schön) vor einem männlichen Substantiv, werden sie in der Regel zu *buon* und *bel* verkürzt.

72	**brutto** 'brutto	scheußlich
73	**grande** 'grande	groß
74	**piccolo** 'pikkolo	klein
75	**pronto** 'pronto	fertig, bereit
76	**vicino** wi'tschino	nah, in der Nähe
77	**caro** 'karo	teuer; lieb
78	**rotto** 'rotto	kaputt; gebrochen

SPRACHTIPP

Adjektive werden im Italienischen an das Geschlecht des zugehörigen Substantives angepasst: *il regalo piccolo* (das kleine Geschenk) oder *la camera piccola* (das kleine Zimmer).
Zur Steigerung von Adjektiven benutzt man das Wörtchen *più*, z. B. *caro* (teuer), *più caro* (teurer), *il più caro* (am teuersten).

79 **essere** ˈäßßere	sein
sono ˈßono	ich bin; sie sind
sei ˈßäi	du bist
è ä	er/sie/es ist; Sie sind [Einzahl]
siamo ˈßjamo	wir sind
esserci ˈäßßertschi	geben, da sein
c'è/ci sono tschä/tschi ˈßono	es gibt; da ist/sind

SPRACHTIPP

C'è verwendet man bei einem Begriff in der Einzahl, wie z. B. bei *Non c'è questa taglia* (Diese Größe gibt es nicht). Folgt jedoch ein Begriff in der Mehrzahl, sagt man: *Ci sono due letti* (Es gibt zwei Betten).

80 **avere** aˈwere	haben
ho o	ich habe
hai ˈai	du hast
ha a	er/sie/es hat; Sie haben [Einzahl]
abbiamo abˈbjamo	wir haben
avete aˈwete	ihr habt; Sie haben [Mehrzahl]
hanno ˈanno	sie haben

SPRACHTIPP

Mit den beiden Hilfsverben *avere* (haben) und *essere* (sein) wird die zusammengesetzte Vergangenheitsform gebildet. Eine genauere Beschreibung finden Sie in Kapitel 2 und 3.

81 **avere bisogno di** awere bi'sonjo di	brauchen, benötigen
ho bisogno di o bi'sonjo di	ich brauche
abbiamo bisogno di ab'bjamo bi'sonjo di	wir brauchen
82 **volere** wo'lere	wollen
voglio 'woljo	ich will
vuoi wu'oi	du willst
vuole wu'ole	er/sie/es will; Sie wollen [Einzahl]
vogliamo wol'jamo	wir wollen
volete wo'lete	ihr wollt; Sie wollen [Mehrzahl]
vorrei wor'räi	ich würde/hätte gern
vorresti wor'räßti	du würdest/hättest gern
vorremmo wor'rämmo	wir würden/hätten gern
83 **potere** po'tere	können; dürfen
posso 'poßßo	ich kann
può pu'o	er/sie/es kann; Sie können [Einzahl]
possiamo poß'ßjamo	wir können
potrebbe po'träbbe	er/sie/es könnte; Sie könnten [Einzahl]
potuto po'tuto	gekonnt; gedurft
84 **stare** 'ßtare	stehen; sein
sto ßto	ich stehe/bin
stai 'ßtai	du stehst/bist
sta ßta	er/sie/es steht/ist; Sie stehen/sind [Einzahl]
stiamo 'ßtjamo	wir stehen/sind
state 'ßtate	ihr steht/seid; Sie stehen/sind [Mehrzahl]
stato 'ßtato	gewesen

85 **fare** ˈfare	tun, machen
faccio ˈfattscho	ich mache
fa fa	er/sie/es macht; Sie machen [Einzahl]
facciamo faˈtschamo	wir machen
fate ˈfate	ihr macht; Sie machen [Mehrzahl]
fanno ˈfanno	sie machen
fatto ˈfatto	gemacht
86 **piacere** pjaˈtschere	gefallen
piace ˈpjatsche	er/sie/es gefällt; Sie gefallen [Einzahl]
il piacere il pjaˈtschere	Gefallen
per piacere per pjaˈtschere	bitte
87 **andare** anˈdare	gehen
andarci anˈdartschi	hingehen
vado ˈwado	ich gehe
vai ˈwai	du gehst
va wa	er/sie/es geht; Sie gehen [Einzahl]
andiamo anˈdjamo	wir gehen
andate anˈdate	ihr geht; Sie gehen [Mehrzahl]
vanno ˈwanno	sie gehen
88 **capire** kaˈpire	verstehen
capisco kaˈpißko	ich verstehe
capisci kaˈpischi	du verstehst
capisce kaˈpische	er/sie/es versteht; Sie verstehen [Einzahl]
capito kaˈpito	verstanden

89	**vedere** weˈdere	sehen
	vedi ˈwedi	du siehst
	vede ˈwede	er/sie/es sieht; Sie sehen [Einzahl]
	vediamo weˈdjamo	wir sehen
	visto ˈwißto	gesehen
90	**prendere** ˈprendere	nehmen
	prendo ˈprendo	ich nehme
	prende ˈprende	er/sie/es nimmt; Sie nehmen [Einzahl]
	prendiamo prenˈdjamo	wir nehmen
	preso ˈpreso	genommen
91	**dire** ˈdire	sagen
	dico ˈdiko	ich sage
	dice ˈditsche	er/sie/es sagt; Sie sagen [Einzahl]
	detto ˈdätto	gesagt
92	**costare** koßˈtare	kosten
	costa ˈkoßta	er/sie/es kostet
	costano ˈkoßtano	sie kosten
93	**pagare** paˈgare	(be)zahlen
	pago ˈpago	ich (be)zahle
	pagato paˈgato	bezahlt, gezahlt
94	**aiutare** ajuˈtare	helfen
	aiuti aˈjuti	du hilfst
	aiuta aˈjuta	er/sie/es hilft; Sie helfen [Einzahl]
	aiutate ajuˈtate	ihr helft; Sie helfen [Mehrzahl]
	aiutato ajuˈtato	geholfen
	l'aiuto ♂ laˈjuto	Hilfe

95	**chiamare** kjaˈmare	(an)rufen
	chiamo ˈkjamo	ich rufe (an)
	chiami ˈkjami	du rufst (an); Rufen Sie (an)!
	chiama ˈkjama	er/sie/es ruft (an); Sie rufen (an) [Einzahl]
	chiamate kjaˈmate	ihr ruft (an); Sie rufen an [Mehrzahl]; Ruft (an)!
	chiamato kjaˈmato	(an)gerufen
	chiamarsi kjaˈmarßi	heißen
	mi chiamo mi ˈkjamo	ich heiße
	ti chiami ti ˈkjami	du heißt
	si chiama ßi ˈkjama	er/sie/es heißt; Sie heißen [Einzahl]
	vi chiamate wi kjaˈmate	ihr heißt; Sie heißen [Mehrzahl]
96	**aprire** aˈprire	öffnen
	apre ˈapre	er/sie/es öffnet; Sie öffnen [Einzahl]
	aprite aˈprite	ihr öffnet; Sie öffnen [Mehrzahl]
	aperto aˈpärto	offen, geöffnet
97	**mangiare** manˈd~~sch~~are	essen
	mangio ˈmand~~sch~~o	ich esse
	mangi ˈmand~~sch~~i	du isst
	mangia ˈmand~~sch~~a	er/sie/es isst; Sie essen [Einzahl]
	mangiato manˈd~~sch~~ato	gegessen
98	**bere** ˈbere	trinken
	bevo ˈbewo	ich trinke
	bevuto beˈwuto	getrunken

99	**perdere** ˈpärdere	verlieren
	perdersi ˈpärderßi	sich verirren, verlaufen
	perso ˈpärßo	verloren; verirrt
100	**trovare** troˈware	finden
	trovo ˈtrowo	ich finde
	trova ˈtrowa	er/sie/es findet; Sie finden [Einzahl]
	troviamo troˈwjamo	wir finden
	trovarsi troˈwarßi	sich befinden
	si trova ßi ˈtrowa	er/sie/es befindet sich

SPRACHTIPP

Um die meisten Verben, die auf *-are* enden, in der Gegenwart zu beugen, ersetzt man die *are*-Endung durch *-o, -i, -a, -iamo, -ate, -ano* für die jeweiligen Personen, z. B. *trovo* (ich finde), *trovi* (du findest), *trova* (er/sie/es findet; Sie finden), *troviamo* (wir finden), *trovate* (ihr findet), *trovano* (sie finden).
Verben auf *-ere* erhalten in der Gegenwart in der Regel die Endungen *-o, -i, -e, -iamo, -ete, -ono*, z. B. *perdo* (ich verliere), *perdi* (du verlierst), *perde* (er/sie/es verliert; Sie verlieren), *perdiamo* (wir verlieren), *perdete* (ihr verliert), *perdono* (sie verlieren).
Verben auf *-ire* sind sehr oft unregelmäßig.

Von Mensch zu Mensch

Jemanden begrüßen

Die folgende Begrüßung passt zu jeder Tages- und Nachtzeit – allerdings nur, wenn Sie Ihr Gegenüber gut kennen und duzen:

Ciao!	ˈtschau	Hi!/Hallo!

Etwas höflicher können Sie zur Begrüßung auch sagen:

Buongiorno.	buonˈdschorno	Guten Morgen/Tag.
Buona sera.	buona ˈßera	Guten Abend.

KULTURTIPP

In Italien duzen sich junge Erwachsene etwa gleichen Alters weitaus häufiger als in Deutschland. In dem Fall ist das italienische *ciao* zu verwenden, aber nicht nur zur Verabschiedung, sondern auch zur Begrüßung. Wenn man jemanden nicht kennt und auf Nummer sicher gehen will, sagt man tagsüber *buongiorno* und abends *buona sera*. Zur höflichen Verabschiedung ist ein *arrivederci* immer passend.
Das in Deutschland so beliebte Händeschütteln ist auch in Italien üblich. Verwandte und Freunde begrüßt man normalerweise zusätzlich mit zwei Küsschen auf die Wange, bei jungen Leuten sind drei Küsschen üblich.

Und wenn Sie sich besonders über die Begegnung freuen:

Che bello vederti! Wie schön dich zu sehen!
ke ˈbällo weˈderti

Che bello vedervi! Wie schön euch zu sehen!
ke ˈbällo weˈderwi

Che bello vederLa! Wie schön Sie zu sehen!
ke ˈbällo weˈderla

SPRACHTIPP

„Sich sehen" heißt im Italienischen *vedersi*. Die Form ist zusammengesetzt aus dem Verb *vedere* (sehen) und dem Pronomen *si* (sich). Um die Aussprache zu erleichtern, fällt das letzte *e* des Verbs dabei weg. Auf die gleiche Art und Weise werden z. B. folgende Verben gebildet: *capirsi* (sich verstehen), *aiutarsi* (sich helfen), *aprirsi* (sich öffnen). Je nach Anwendung wird das *si* (sich) dann durch das passende Pronomen ersetzt: *vedermi* (mich sehen), *vederti* (dich sehen), *vederlo* (ihn sehen), *vederla* (sie sehen), *vederLa* (Sie sehen), *vederci* (uns sehen), *vedervi* (euch sehen).

Sich verabschieden

Verabschieden können Sie sich entweder etwas förmlicher:

Arrivederci. arriweˈdertschi Auf Wiedersehen.

ArrivederLa. arriweˈderla Auf Wiedersehen.

Buona notte. buona ˈnotte Gute Nacht.

SPRACHTIPP

Die Form *ArrivederLa* kann man verwenden, wenn man eine einzelne Person verabschiedet, die man siezt.

… oder auch etwas informeller:

Ciao! ˈtschau	Tschüs./Ciao.
Ci si vede!* tschi ßi ˈwede	Man sieht sich!
Ci vediamo. tschi weˈdjamo	Wir sehen uns.

… und, wenn Sie möchten, auch bis zum Zeitpunkt Ihres Wiedersehens:

A più tardi! a pju ˈtardi	Bis später!
Ciao, a più tardi! ˈtschau a pju ˈtardi	Tschüs, bis später!
A stasera! a ßtaˈßera	Bis heute Abend!
A domani! a doˈmani	Bis morgen!
A domani mattina! a domani matˈtina	Bis morgen früh!
A domani sera! a domani ˈßera	Bis morgen Abend!

* Achtung feste Wendung:
ci si vede tschi ßi ˈwede — man sieht sich

Ci vediamo stasera.
tschi wedjamo ßta'ßera
Wir sehen uns heute Abend.

Ci vediamo domani.
tschi wedjamo do'mani
Wir sehen uns morgen.

Ci vediamo domani mattina.
tschi wedjamo domani mat'tina
Wir sehen uns morgen früh.

Ci vediamo domani sera.
tschi wedjamo domani 'ßera
Wir sehen uns morgen Abend.

Ci vediamo all'una.
tschi wedjamo al'luna
Wir sehen uns um eins.

SPRACHTIPP

Steht das Wörtchen *a* (nach, zu; bis; um; an) vor einem Artikel, verschmilzt es mit diesem. So wird zum Beispiel aus *a+il* die Form *al* (*al giorno* – *„am Tag"*), *a+l'* wird zu *all'* (*l'una* – *all'una*) und *a+le* zu *alle* (*le due* – *alle due*).

Ci vediamo alle due.
tschi wedjamo alle 'due
Wir sehen uns um zwei.

Ci vediamo domani all'una.
tschi wedjamo do'mani al'luna
Wir sehen uns morgen um eins.

Ci vediamo domani alle due.
tschi wedjamo do'mani alle 'due
Wir sehen uns morgen um zwei.

Ci vediamo alle … [Uhrzeit]
tschi wedjamo alle
Wir sehen uns um … [Uhrzeit]!

Ci vediamo domani alle …
tschi wedjamo do'mani alle
Wir sehen uns morgen um …!

Ci vediamo alle … di mattina.
tschi wedjamo alle … di mat'tina

Wir sehen uns um … Uhr morgens!

Ci vediamo alle … di sera.
tschi wedjamo alle … di 'ßera

Wir sehen uns um … Uhr abends!

▶ **ZAHLEN BZW. UHRZEITEN** finden Sie auf Seite 123.

SPRACHTIPP

In Italien benutzt man in der gesprochenen Sprache in aller Regel nur die 12-Stunden-Uhr, sodass Sie, falls nötig, bei der Nennung der Uhrzeit noch die Tageszeit (*di mattina* bzw. *di sera*) angeben können, um Missverständnisse auszuschließen. Beispiel: *le otto di sera* (acht Uhr abends).
Zur Angabe der Uhrzeit auf Italienisch müssen Sie wissen: In der ersten Hälfte der Stunde ist der Bezugspunkt immer die Stunde, die es gerade geschlagen hat; alles, was nach „halb" kommt, wird hingegen sprachlich schon mit der folgenden Stunde in Verbindung gebracht. Außerdem benötigt man die Wörter *quarto* (Viertel), *mezza* (halb) und *meno* (weniger). So heißt 8:15 h *le otto e un quarto* (le 'otto e un ku'arto), 8:30 h heißt *le otto e mezza* (le 'otto e 'mäddsa) und 8:45 h heißt *le nove meno un quarto* (le 'nowe meno un ku'arto).
Die genauen Minuten können Sie mit einem *e* (und) einfach an die Stunde anhängen, so ist z. B. *le otto e venticinque* ('otto e wenti'tschinkue) 8:25 h oder 20:25 h.
Die nötigen Zahlen finden Sie in der Zahlentabelle auf Seite 123.

Wenn Sie sich für einen bestimmten Tag verabredet haben, sagen Sie:

Ci vediamo … tschi wedjamo Wir sehen uns am …!

▶ **DIE WOCHENTAGE** finden Sie auf Seite 124.

Außerdem können Sie natürlich auch noch den Ort Ihres Wiedersehens benennen:

Ci vediamo … tschi wedjamo Wir sehen uns im …

all'hotel
alloˈtäl

al ristorante
al rißtoˈrante

al bar
al ˈbar

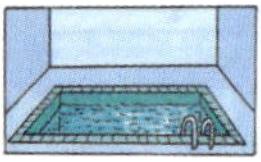

in piscina
in piˈschina

in spiaggia
in ˈßpjaddscha

al mercato
al merˈkato

in discoteca
in dißkoˈteka

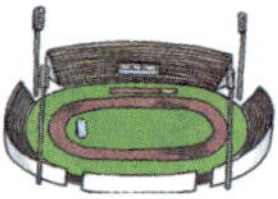

allo stadio
allo ˈßtadio

Zum Abschied gibt man dem anderen gerne noch einen guten Wunsch mit auf den Weg:

Tante belle cose!* tante bälle ˈkose	Alles Gute!

Sich vorstellen

So können Sie sich oder andere Personen vorstellen:

Mi chiamo … mi ˈkjamo	Ich heiße …

SPRACHTIPP

Chiamarsi [kjaˈmarßi], die rückbezügliche Form von *chiamare* (rufen; anrufen), bedeutet „heißen". In der gebeugten Form stehen die nötigen Pronomen dann vor dem Verb: *mi chiamo* (ich heiße), *ti chiami* (du heißt), *si chiama* (er/sie/es heißt; Sie heißen), *vi chiamate* (ihr heißt).

Sono … ˈßono	Ich bin …
Siamo … [Ihr Name] e … [Name Ihrer Begleitung]. ˈßjamo … e	Wir sind … und …
Questo è … [Name der männlichen Person, die Sie vorstellen möchten] kuˈeßto ä	Das ist …

---

* Achtung feste Wendung:
tante belle cose tante bälle ˈkose — alles Gute

Questa è … [Name der weiblichen Person, die Sie vorstellen möchten] kuˈeßta ä	Das ist …
Questi sono Paolo e Paola. ♂ ♀ kuˈeßti ßono ˈpaulo e ˈpaula	Das sind Paolo und Paola.
Queste sono Anna e Maria. ♀ ♀ kuˈeßte ßono ˈanna e maˈria	Das sind Anna und Maria.

SPRACHTIPP

Wenn von mehreren Leuten die Rede ist, richtet sich das Geschlecht des Pronomens oder des Adjektivs nach dem Geschlecht der Gruppe: Handelt es sich ausschließlich um männliche Mitglieder, sind die Endungen männlich (z. B. *questi*), handelt es sich ausschließlich um weibliche Mitglieder, sind die Endungen weiblich (z. B. *queste*). Ist die Gruppe gemischt, kommen die männlichen Endungen zur Anwendung, selbst wenn sich nur ein einziger Mann unter zwanzig Frauen befindet.

Wenn man Ihnen jemanden vorstellt, können Sie sagen:

Piacere.* pjaˈtschere	Sehr erfreut.
Piacere, sono … [Ihr Name]. pjaˈtschere ßono	Freut mich, ich bin …

---

* Achtung feste Wendung:
Piacere. pjaˈtschere — Sehr erfreut.

Wenn Sie den Namen Ihres Gegenübers nicht verstanden haben, sagen Sie einfach:

Scusa, come ti chiami? ˈßkusa ˈkome ti ˈkjami — Entschuldigung, wie heißt du?

Scusi, come si chiama? ˈßkusi ˈkome ßi ˈkjama — Entschuldigung, wie heißen Sie?

Scusi, non ho capito il suo nome. ˈßkusi non o kaˈpito il ßuo ˈnome — Es tut mir leid, ich habe Ihren Namen nicht verstanden.

Scusa, non ho capito il tuo nome. ˈßkusa non o kaˈpito il tuo ˈnome — Es tut mir leid, ich habe deinen Namen nicht verstanden.

SPRACHTIPP

Mit den Formen des Hilfsverbs *avere* (haben) und Wörtern wie *capito* (verstanden), *aiutato* (geholfen) und *pagato* (gezahlt) können Sie die Vergangenheit bilden. Beispiele: *ho capito* = ich habe verstanden, *hai aiutato* = du hast geholfen, *avete pagato* = ihr habt gezahlt

Wenn keine offizielle Vorstellung erfolgt ist, können Sie auch einfach selbst nach dem Namen Ihres Gegenübers fragen:

Come si chiama? kome ßi ˈkjama — Wie heißen Sie?

Come ti chiami? kome ti ˈkjami — Wie heißt du?

Come vi chiamate? kome wi kjaˈmate — Wie heißt ihr?

Qual'è il suo nome? kua'lä il ßuo 'nome	Wie lautet Ihr Name?
Qual'è il tuo nome? kua'lä il tuo 'nome	Wie lautet dein Name?

SPRACHTIPP

Das Wort *quale* ist z. B. im Ausdruck *qual'è* (welcher/ welche/welches ist) zu finden. Zur Erleichterung der Aussprache verschwindet hier das e von *quale*.
In der Mehrzahl bleibt das *i* von *quali* (welche) jedoch erhalten. Beispiel: *Quali sono i miei biglietti?* (Welches sind meine Tickets?).

Fremde (Vor-)Namen können für beide Seiten zunächst ein bisschen schwierig sein, auch wenn sie noch so schön klingen:

Che bel nome! ke bäl 'nome	Was für ein schöner Name!
È un nome molto bello! ä un 'nome molto 'ballo	Das ist ein sehr schöner Name!
Mi piace questo nome! mi 'pjatsche kueßto 'nome	Dieser Name gefällt mir!
Mi piace molto questo nome! mi pjatsche 'molto kueßto 'nome	Dieser Name gefällt mir sehr gut!
Che nome è? ke nome ä	Was für ein Name ist das denn?

Sich bedanken

Hier sind einige Möglichkeiten, sich ganz generell zu bedanken:

Grazie. ˈgrazie	Danke.
Grazie tanto! grazie ˈtanto	Vielen Dank!
Grazie di tutto! grazie di ˈtutto	Vielen Dank für alles!
Grazie per tutto questo. ˈgrazie per tutto kuˈeßto	Vielen Dank für das alles!

Sicherlich werden Sie nicht nur Dank aussprechen, sondern auch einmal selbst entgegennehmen. Dann können Sie erwidern:

Non c'è di che!* non ˈtschä di ˈke	Keine Ursache!
Di niente! di ˈnjente	Gern geschehen!
Grazie a voi! grazie aˈwoi	Ich habe (euch) zu danken!

KULTURTIPP

Eine korrekte, aber nicht sonderlich höfliche Antwort auf *grazie* ist *prego*, was einfach „bitte" heißt. Angemessener ist *non c'è di che*, was so viel wie „keine Ursache" bedeutet. Sie können auch *Figurati!* sagen; damit drücken Sie aus, dass etwas selbstverständlich war. Es entspricht dem deutschen „Ich bitte dich!". Analog dazu gibt es auch die Sie-Form *Si figuri!* („Ich bitte Sie!").

* Achtung feste Wendung:
non c'è di che non ˈtschä diˈke — keine Ursache

Und so können Sie den Menschen danken, die etwas für Sie getan haben:

Grazie per il tuo aiuto. ˈgrazie per il tuo aˈjuto	Danke für deine Hilfe.
Grazie per il suo aiuto. ˈgrazie per il ßuo aˈjuto	Danke für Ihre Hilfe.
Grazie per il vostro aiuto. ˈgrazie per il woßtro aˈjuto	Danke für eure Hilfe.
Grazie che mi aiuti. ˈgrazie ke mi aˈjuti	Danke, dass du mir hilfst.
Grazie che mi aiuta. ˈgrazie ke mi aˈjuta	Danke, dass Sie mir helfen.
Grazie che mi aiutate. ˈgrazie ke mi ajuˈtate	Danke, dass ihr mir helft.
Grazie per avere aiutato. ˈgrazie per awere ajuˈtato	Danke, dass Sie geholfen haben.
Grazie per avere pagato. ˈgrazie per awere paˈgato	Danke fürs Zahlen.
Grazie che hai pagato per me. ˈgrazie ke ai paˈgato per mä	Danke, dass du für mich gezahlt hast.
Grazie che hai pagato per noi. ˈgrazie ke ai paˈgato per ˈnoi	Danke, dass du für uns gezahlt hast.
Grazie che avete pagato per noi. ˈgrazie ke awete paˈgato per ˈnoi	Danke, dass ihr für uns gezahlt habt.
Grazie per essere qui con noi. ˈgrazie per äßßere kuˈi kon ˈnoi	Danke, dass Sie bei uns sind.
Grazie che sei qui con me. ˈgrazie ke ßäi kuˈi kon mä	Danke, dass du bei mir bist.

Grazie che è qui con me. ˈgrazie ke ä kuˈi kon mä	Danke, dass Sie bei mir sind.
Grazie per avermi fatto questo piacere. ˈgrazie per awermi ˈfatto kueßto pjaˈtschere	Danke, dass Sie mir diesen Gefallen getan haben.
Grazie per averci fatto questo piacere. ˈgrazie per awertschi ˈfatto kueßto pjaˈtschere	Danke, dass Sie uns diesen Gefallen getan haben.

SPRACHTIPP

Tritt ein Pronomen wie *mi, ti, si, vi, ci* oder auch *lo, la, le* in Zusammenhang mit einem Verb in der Grundform auf, wird das Pronomen hinten an das Verb angehängt, wobei das letzte *e* des Verbs wegfällt.
lo capisco = ich verstehe ihn, aber *capirlo* = ihn verstehen
ti aiuto = ich helfe dir, aber *aiutarti* = dir helfen

Natürlich können Sie sich auch für konkrete Dinge bedanken:

Grazie per questo bel regalo! ˈgrazie per kueßto bäl reˈgalo	Danke für dieses schöne Geschenk.
Grazie tanto per questo bel regalo! grazie ˈtanto per kueßto bäl reˈgalo	Vielen Dank für dieses schöne Geschenk.
Grazie per questa bella camera. ˈgrazie per kueßta ˈbälla ˈkamera	Danke für dieses schöne Zimmer.
Grazie tanto per questa camera. grazie ˈtanto per kueßta ˈkamera	Vielen Dank für dieses Zimmer.

Grazie per questo pasto.
ˈgrazie per kueßto ˈpaßto

Danke für diese Mahlzeit.

Grazie tanto per questo pasto.
grazie ˈtanto per kueßto ˈpaßto

Vielen Dank für diese Mahlzeit.

Grazie per questo buon …
ˈgrazie per kueßto buon

Danke für den guten …

caffè
kafˈfä

vino
ˈwino

tè
tä

aperitivo
aperiˈtiwo

Grazie per questa buona …
ˈgrazie per kueßta buona

Danke für das/die gute …

birra
ˈbirra

pasta
ˈpaßta

limonata
limoˈnata

marmellata
marmelˈlata

Verständigungsprobleme lösen

Wenn Sie jemanden nicht verstanden haben, können Sie fragen:

Scusi? ˈßkusi	Bitte?

oder wenn Sie Ihr Gegenüber duzen:

Scusa? ˈßkusa	Bitte?

oder falls Sie sich an mehrere Personen wenden:

Scusate? ßkuˈsate	Bitte?

und in jedem Fall:

Come? ˈkome	Wie?
Cosa? ˈkosa	Was?

Etwas ausführlicher können Sie auch sagen:

Non ho capito. non o kaˈpito	Das habe ich nicht verstanden.
Non ho capito bene. non o kapito ˈbene	Das habe ich nicht genau verstanden.

Und wenn Sie gar nichts mehr verstehen:

Scusi, non capisco. ˈßkusi non kaˈpißko	Tut mir leid, das verstehe ich nicht.
Scusa, non ti capisco. ˈßkusa non ti kaˈpißko	Tut mir leid, ich verstehe dich nicht.

Scusi, non La capisco. ˈßkusi non la kaˈpißko	Tut mir leid, ich verstehe Sie nicht.
Non ti capisco più. non ti kaˈpißko pju	Ich verstehe dich nicht mehr.
Ora non ti capisco più. ˈora non ti kaˈpißko pju	Jetzt verstehe ich dich nicht mehr.
Non La capisco più. non la kaˈpißko pju	Ich verstehe Sie nicht mehr.
Ora non La capisco più. ˈora non la kaˈpißko pju	Jetzt verstehe ich Sie nicht mehr.
Non capisco più niente. non kaˈpißko pju ˈnjente	Ich verstehe gar nichts mehr.
Ora non capisco più niente. ˈora non kaˈpißko pju ˈnjente	Jetzt verstehe ich gar nichts mehr.

SPRACHTIPP

Die einfachste Form der Verneinung heißt *non* und bedeutet „nicht“. Weitere Möglichkeiten der Verneinung eines Satzes sind:
non … più (nicht mehr), *non … niente* (nichts), *non … più niente* (nichts mehr), *non … per niente* (überhaupt nicht) und *non … ancora* (noch nicht)
Wichtig: Das gebeugte Verb steht im Gegensatz zum Deutschen nach dem *non*:
Non voglio più. = Ich will nicht mehr.

Wenn Sie nach dem Wort für etwas Bestimmtes suchen, können Sie sich durch Gesten zusammen mit den folgenden Sätzen dabei helfen lassen:

Come si chiama questo? kome ßi ˈkjama kuˈeßto	Wie heißt das?
Come si chiama questa cosa? kome ßi ˈkjama kueßta ˈkosa	Wie heißt dieses Ding?
Cos'è questo? koˈsä kuˈeßto	Was ist das?

Vielleicht sind Sie sich manchmal nicht sicher, ob Sie das richtige Wort mit der korrekten Aussprache benutzt haben. Falls Ihr Gesprächspartner also plötzlich ohne ersichtlichen Grund ein ganz erstauntes Gesicht machen sollte, können Sie fragen:

Non è un … ♂ [Wiederholung des Wortes]? non ä un	Ist das nicht ein …?
Non è una … ♀ non ä una	Ist das nicht eine …?
Non si può dire? non ßi puˈo ˈdire	Kann man das nicht sagen?
Non si dice? non ßi ˈditsche	Sagt man das nicht?

Und so können Sie nachfragen, ob man Sie denn versteht:

Mi capisce? mi ka'pische	Verstehen Sie mich?
Mi capisci? mi ka'pischi	Verstehst du mich?
Mi faccio capire*? mi 'fattscho ka'pire	Drücke ich mich verständlich aus?
Capisce quello che dico? ka'pische kuello ke 'diko	Verstehen Sie, was ich sage?
Capisci quello che dico? ka'pischi kuello ke 'diko	Verstehst du, was ich sage?
Si capisce quello che dico? ßi ka'pische kuello ke 'diko	Versteht man, was ich sage?
Ha capito? a ka'pito	Haben Sie verstanden?
Hai capito? 'ai ka'pito	Hast du verstanden?
Avete capito? awete ka'pito	Habt ihr verstanden?

* Achtung feste Wendung:
mi faccio capire mi 'fattscho ka'pire — ich mache mich verständlich

Smalltalk

Das Befinden

Zu Beginn eines Gesprächs mit Bekannten oder Freunden erkundigt man sich normalerweise nach dem Befinden seines Gegenübers.

Come sta? kome 'ßta	Wie geht es Ihnen?
Come stai? kome 'ßtai	Wie geht es dir?
Come state? kome 'ßtate	Wie geht es euch/Ihnen?

SPRACHTIPP

Während die Italiener ganz streng zwischen „du" und „Sie" unterscheiden, ist der Unterschied zwischen „ihr" und „Sie" in der Mehrzahl nur noch von Bedeutung, wenn man ausgesprochen höflich sein möchte.
In der Umgangssprache sind die beiden Formen bereits miteinander verschmolzen. Das gilt immer, auch wenn in diesem Buch nicht überall extra darauf hingewiesen wird. So können Sie z. B. *Come state?* (eigentlich: Wie geht es euch?) getrost auch zu Leuten sagen, die Sie siezen. Es bekommt dann die Bedeutung „Wie geht es Ihnen?".

Come sta oggi? kome 'ßta 'oddschi	Wie geht es Ihnen heute?
Come stai oggi? kome 'ßtai 'oddschi	Wie geht es dir heute?
Come state oggi? kome 'ßtate 'oddschi	Wie geht es euch/Ihnen heute?

Wenn es ein bisschen lockerer klingen soll, sagen Sie einfach:

Come va? kome ˈwa	Wie geht's?
Come vanno le cose? kome ˈwanno le ˈkose	Wie läuft's?
Ciao, come va? ˈtschau kome ˈwa	Hi, wie geht's?

Wenn es jemandem vorher nicht so gut ging, können Sie sagen:

Stai meglio? ßtai ˈmeljo	Geht es dir besser?
Stai meglio ora? ßtai ˈmeljo ˈora	Geht es dir jetzt besser?
Stai meglio oggi? ßtai ˈmeljo ˈoddschi	Geht es dir heute besser?
Sta meglio? ßta ˈmeljo	Geht es Ihnen besser?
Sta meglio ora? ßta ˈmeljo ˈora	Geht es Ihnen jetzt besser?
Sta meglio oggi? ßta ˈmeljo ˈoddschi	Geht es Ihnen heute besser?
Va meglio ora? wa ˈmeljo ˈora	Geht es jetzt besser?
Va meglio oggi? wa ˈmeljo ˈoddschi	Geht es heute besser?

Meistens wird die Frage nach dem Befinden positiv beantwortet werden:

Bene. ˈbene	Gut.
Molto bene. ˈmolto ˈbene	Sehr gut.
Bene, grazie. ˈbene ˈgrazie	Gut, danke.
Molto bene, grazie. ˈmolto ˈbene ˈgrazie	Sehr gut, danke.

Sto molto bene, grazie. ßto ˈmolto bene ˈgrazie	Es geht mir sehr gut, danke.
E voi? e ˈwoi	Und euch/Ihnen?
Stiamo bene, grazie. ßtjamo ˈbene ˈgrazie	Uns geht es gut, danke.
Stiamo molto bene, grazie. ßtjamo ˈmolto bene ˈgrazie	Es geht uns sehr gut, danke.
Meglio, grazie. ˈmeljo ˈgrazie	Besser, danke.
Molto meglio, grazie. ˈmolto meljo ˈgrazie	Sehr viel besser, danke.
Sto meglio, grazie. ßto ˈmeljo ˈgrazie.	Mir geht es besser, danke.
Stiamo meglio, grazie. ßtjamo ˈmeljo ˈgrazie	Uns geht es besser, danke.
Sto meglio oggi. ßto ˈmeljo ˈodd~~sch~~i	Heute geht es mir besser.
Stiamo meglio oggi. ßtjamo ˈmeljo ˈodd~~sch~~i	Heute geht es uns besser.

Natürlich kann die Antwort auch einmal nicht so positiv ausfallen:

Non tanto bene. non tanto ˈbene	Nicht besonders gut.
Non sto tanto bene. non ˈßto tanto bene	Es geht mir nicht allzu gut.
Non stiamo tanto bene. non ˈßtjamo tanto bene	Es geht uns nicht allzu gut.

Male. ˈmale — Schlecht.

Sto male. ßto ˈmale — Es geht mir schlecht.

Oggi sto male. ˈoddschi ßto ˈmale — Heute geht es mir schlecht.

Mi sono rotto ♂ …
mi ßono ˈrotto — Ich habe mir das/den/die … gebrochen.

Mi sono rotta ♀ …
mi ßono ˈrotta — Ich habe mir das/den/die … gebrochen.

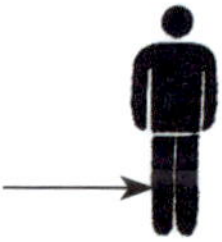

la gamba
la ˈgamba

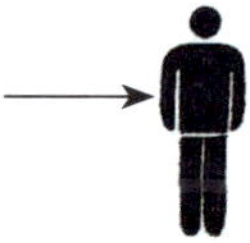

il braccio
il ˈbrattscho

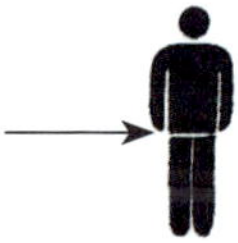

la mano
la ˈmano

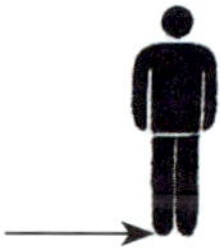

il piede
il ˈpjede

SPRACHTIPP

Wie im Deutschen werden auch im Italienischen die Hilfsverben *avere* (haben) und *essere* (sein) zur Bildung der Vergangenheit benutzt. Bildet ein Verb seine Vergangenheit mit *essere* (sein), ist das Partizip veränderlich und passt sich der Person an. Beispiel:
sono andata ♀ (ich bin gegangen), *sei andato* ♂ (du bist gegangen), *siamo andati* ♂ (wir sind gegangen), *sono andate* ♀ (sie sind gegangen)
Die Endungen der Partizipien entsprechen den Endungen von Pronomen und Adjektiven, also *-a* und *-e* für das Weibliche, *-o* und *-i* für das Männliche.

Herkunft

Die Herkunft ist gerade im Urlaub häufig eines der ersten Themen, die sich ergeben. Fragen dazu können Sie folgendermaßen stellen und beantworten:

Di dove sei? di dowe 'ßäi	Woher kommst du?
Di dov'è? di do'wä	Woher kommen Sie?
Sono dalla Germania*. ßono dalla dscher'manja	Ich komme aus Deutschland.
Siamo dalla Germania*. ßjamo dalla dscher'manja	Wir kommen aus Deutschland.

SPRACHTIPP

Steht das Wörtchen *da* (zu; von; seit) vor einem Artikel, verschmilzt es mit diesem. So wird zum Beispiel *da* + *la* zu *dalla* (*dalla Germania* – aus Deutschland) und *da* + *l'* zu *dall'* (*dall'Austria* – aus Österreich).

E dove in Germania?** e 'dowe in dscher'manja	Und wo in Deutschland?
Sono di … [Name der Stadt]. 'ßono di	Ich bin aus …
Siamo di … [Name der Stadt]. 'ßjamo di	Wir sind aus …

---

* **dall'Austria** dall'außtria	Österreich
dalla Svizzera dalla 'switzera	der Schweiz
** **Austria** 'außtria	Österreich
Svizzera 'switzera	der Schweiz

È vicino a ... [Stadt].
ä wi'tschino a
Das ist nahe bei ... [Stadt]

È molto vicino a ...
ä 'molto wi'tschino a
Das ist sehr nahe bei ...

Non è vicino a ...?
non ä wi'tschino a
Ist das nicht in der Nähe von ...?

Sì, è vicino a ...
ßi ä wi'tschino a
Ja, das ist nahe bei ...

Sì, è molto vicino a ...
ßi ä 'molto wi'tschino a
Ja, das ist sehr nahe bei ...

... [Stadt] è molto vicina.
... ä 'molto wi'tschina
... [Stadt] ist ganz in der Nähe.

SPRACHTIPP

Städtenamen sind im Italienischen in aller Regel weiblich. „Berlin ist schön" wird also mit *Berlino è bella* (ber'lino ä 'bälla) übersetzt.

Möglicherweise ist Ihre Stadt oder Ihr Ort im Ausland gar nicht so unbekannt wie Sie vielleicht dachten:

Oh, ci sono stato! ♂
'o tschi ßono 'ßtato
Oh, da bin ich gewesen!

Oh, ci sono stata! ♀
'o tschi ßono 'ßtata
Oh, da bin ich gewesen!

Oh, ci vado domani!
'o tschi wado 'domani
Oh, da fahre ich morgen hin!

Oh, ci voglio andare domani! ˈo tschi woljo andare doˈmani	Oh, da will ich morgen hin!
Vorrei andarci! worräi anˈdartschi	Da würde ich gerne mal hin!
A … [Stadt] è molto buono il … a … ä ˈmolto buˈono il	In … gibt es doch sehr gute(n) …

caffè
kafˈfä

formaggio
forˈmaddscho

cioccolato
tschokkoˈlato

vino
ˈwino

A … è molto buona la … a … ä ˈmolto buˈona la	In … gibt es doch sehr gute(s) …

pasta
ˈpaßta

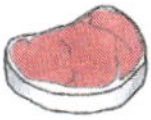

carne
ˈkarne

pizza
ˈpitza

birra
ˈbirra

Urlaubsgeplauder

Nachfolgend lernen Sie auszudrücken, wie es Ihnen an Ihrem Urlaubsort zurzeit gefällt. Zunächst hoffen wir natürlich, dass es Ihnen gut gefällt:

Ti piace qui? tiˈpjatsche kuˈi	Gefällt es dir hier?
Le piace qui? le ˈpjatsche kuˈi	Gefällt es Ihnen hier?
Vi piace qui? wi ˈpjatsche kuˈi	Gefällt es euch/Ihnen hier?
Sì, molto. ˈßi ˈmolto	Ja, sehr.
Sì, mi piace molto. ˈßi mi pjatsche ˈmolto	Ja, es gefällt mir sehr gut.
Sì, ci piace molto. ˈßi tschi pjatsche ˈmolto	Ja, es gefällt uns sehr gut.
Sì, è bello qui. ˈßi ä ˈbällo kuˈi	Ja, es ist schön hier.
Sì, è molto bello qui. ˈßi ä ˈmolto ˈbällo kuˈi	Ja, es ist sehr schön hier.
La camera è molto bella. la ˈkamera ä ˈmolto ˈbälla	Das Zimmer ist sehr schön.
La … è molto buona qui. la … ä ˈmolto buˈona kuˈi	Das … ist sehr gut hier.

colazione
kolaˈzjone

cena
ˈtschena

spiaggia
ˈßpjaddscha

Il … è molto buono qui.
il … ä ˈmolto buˈono kuˈi

Der … ist sehr gut hier.

servizio
ßerˈwizio

pranzo
ˈprandso

supermercato
ßupermerˈkato

Leider hat man aber manchmal auch Pech oder es war woanders einfach noch schöner:

Non ti piace qui?
non ti ˈpjatsche kuˈi

Gefällt es dir hier nicht?

Non le piace qui?
non le ˈpjatsche kuˈi

Gefällt es Ihnen hier nicht?

Non vi piace qui?
non wi ˈpjatsche kuˈi

Gefällt es euch/Ihnen hier nicht?

No, non mi piace tanto.
ˈno non mi ˈpjatsche ˈtanto

Nein, es gefällt mir nicht besonders.

No, non ci piace.
ˈno non tschi ˈpjatsche

Nein, es gefällt uns nicht.

Non ci piace per niente qui.
non tschi ˈpjatsche per ˈnjente kuˈi

Es gefällt uns hier überhaupt nicht.

SPRACHTIPP

Die Kombination *non … per niente* (eigentlich: nicht … für nichts) bedeutet „überhaupt nicht“.

È stato più bello a … [Ortsname]. ä ˈßtato pju ˈbällo a

In … [Ortsname] war es schöner.

È stato molto più bello a …
ä ßtato ˈmolto pju ˈbällo a

In … war es viel schöner.

A … è stata più bella la camera/… a … ä ˈßtata pju ˈbälla la ˈkamera/…

In … war das Zimmer/… schöner.

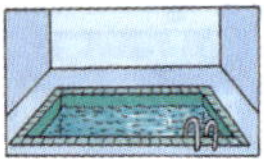

piscina
piˈschina

vista
ˈwißta

spiaggia
ˈßpjadd~~sch~~a

A … è stato più bello il letto/… a … ä ˈßtato pju ˈbällo il ˈlätto/…

In … war das Bett/… schöner.

bar
ˈbar

mare
ˈmare

campeggio
kamˈpedd~~sch~~o

È stato più bello qui nel ... [Jahreszahl] ä ˈßtato pju ˈbällo kuˈi näll ...

... [Jahreszahl] ist es hier schöner gewesen.

SPRACHTIPP

Mit den Zahlen, die Sie auf Seite 123 finden, können Sie ganz leicht eine Jahreszahl bilden:
Jahreszahlen werden im Italienischen genauso gelesen wie normale Zahlen. 1997 z. B. heißt *millenovecentonovantasette* (ˈmillenoweˈtschentonoˈwantaˈßätte). 2002 heißt dann entsprechend *duemiladue* (ˈduemilaˈdue).
Im Gegensatz zum Deutschen steht im Italienischen vor der Jahreszahl immer das Wort *nel*, das sich zusammensetzt aus dem Wörtchen *in* (in) und dem Artikel *il* und „im“ bedeutet.

So können Sie sich über Ihre Gewohnheiten während des Urlaubs unterhalten:

Vado a letto tardi. wado a ˈlätto ˈtardi

Ich gehe spät schlafen.

Noi andiamo a letto tardi. ˈnoi andjamo a ˈlätto ˈtardi

Wir gehen spät schlafen.

Vai a letto tardi? wai a lätto ˈtardi

Gehst du spät schlafen?

Vai a letto tardi! wai a lätto ˈtardi

Du gehst spät schlafen!

Voi due andate a letto tardi? woi ˈdue andate a ˈlätto ˈtardi

Geht ihr beiden spät schlafen?

Voi due andate a letto tardi!
woi ˈdue andate a ˈlätto ˈtardi

Ihr beiden geht spät schlafen!

SPRACHTIPP

Fragesätze unterscheiden sich im Italienischen von Aussagesätzen nur in der Melodie und Betonung des Satzes, aber nicht im Satzbau.

Non vado a letto tardi.
non ˈwado a ˈlätto ˈtardi

Ich gehe nicht spät schlafen.

Non andiamo a letto tardi.
non anˈdjamo a ˈlätto ˈtardi

Wir gehen nicht spät schlafen.

Siamo … tutte le sere.
ˈßjamo … ˈtutte le ˈßere

Wir sind jeden Abend in der …

in discoteca
in dißkoˈteka

al bar
al ˈbar

al cinema
al ˈtschinema

al casinò
al kasiˈno

Non voglio perdere tempo.
non ˈwoljo pärdere ˈtempo

Ich will keine Zeit vergeuden.

Non vogliamo perdere tempo.
non wolˈjamo pärdere ˈtempo

Wir wollen keine Zeit vergeuden.

So drücken Sie Ihr Erholungsbedürfnis aus:

Ho bisogno di tempo per me. o biˈsonjo di ˈtempo per ˈmä	Ich brauche mal Zeit für mich selbst.
Abbiamo bisogno di tempo per noi. abbjamo biˈsonjo di ˈtempo per ˈnoi	Wir brauchen mal Zeit für uns selbst.

… oder sprechen darüber, wie lange die schöne Zeit noch dauert:

Quanti giorni stai? kuˈanti ˈdschorni ˈßtai	Wie viele Tage bleibst du hier?
Quanti giorni sta? kuˈanti ˈdschorni ßta?	Wie viele Tage bleiben Sie hier?
Quanti giorni state? kuˈanti ˈdschorni ˈßtate	Wie viele Tage bleibt ihr/ bleiben Sie hier?
Siamo qui per … [Zahl] giorni – e voi? ßjamo kuˈi per … ˈdschorni – e ˈwoi	Wir sind für … [Zahl] Tage hier – und ihr?
Da quanto tempo è qui? da kuˈanto ˈtempo ä kuˈi	Wie lange sind Sie schon hier?
Da quanto tempo sei qui? da kuˈanto ˈtempo ßäi kuˈi	Wie lange bist du schon hier?
Sono qui da … [Zahl] giorni. ßono kuˈi da … ˈdschorni	Ich bin seit … Tagen hier.

Siamo qui da … giorni – e voi? ßjamo ku'i da … 'dschorni – e 'woi	Wir sind seit … Tagen hier – und ihr?

▶ **DIE ZAHLEN** finden Sie auf Seite 123.

Das Wetter

Auch das meist sonnige Wetter bietet sich als dankbares Gesprächsthema an:

Che bel tempo! ke bäl 'tempo	Was für ein schönes Wetter!
Che bel tempo oggi! ke bäl 'tempo 'oddschi	Was für schönes Wetter heute!
Fa bel tempo. fa bäl 'tempo	Es ist schönes Wetter.
Fa bel tempo oggi. fa bäl 'tempo 'oddschi	Es ist schönes Wetter heute.
Sì, un tempo bellissimo! ßi un 'tempo bel'lißßimo	Ja, ein wunderschönes Wetter!
Che tempo fa? ke 'tempo fa	Wie ist das Wetter?
Che tempo fa oggi? ke 'tempo fa 'oddschi	Wie ist das Wetter heute?
Che bel tempo ieri! ke bäl 'tempo 'jeri	Was für schönes Wetter gestern!

Non abbiamo tanti giorni come questi in Germania*.
non abˈbjamo tanti ˈdschorni kome kuˈeßti in dscherˈmanja

Wir haben in Deutschland nicht allzu viele solcher Tage.

Leider kann aber auch in Italien die Sonne nicht immer scheinen:

Fa brutto tempo. fa brutto ˈtempo

Es ist schlechtes Wetter.

Fa brutto tempo oggi.
fa brutto ˈtempo ˈoddschi

Es ist schlechtes Wetter heute.

Che brutto tempo oggi!
ke brutto ˈtempo ˈoddschi

So ein scheußliches Wetter heute!

Che brutto tempo ieri!
ke brutto ˈtempo ˈjeri

Das war scheußliches Wetter gestern!

Abbiamo tanti giorni come questi in Germania*. abbjamo ˈtanti dschorni kome kuˈeßti in dscherˈmanja

Wir haben viele solcher Tage in Deutschland.

C'è troppo … per me.
tschä troppo … per mä.

Das ist zu viel … für mich.

Vorrei più … worräi pju

Ich hätte gerne mehr …

sole
ˈßole

* **Austria** ˈaußtria – Österreich
Svizzera ˈswitzera – der Schweiz

C'è troppa … per noi.
tschä 'troppa … per 'noi

Das ist zu viel … für uns.

Vorrei più … worräi pju

Ich hätte gerne mehr …

pioggia
'pjoddscha

Vielleicht sind Sie aber auch völlig zufrieden mit dem Wetter:

Per me va bene questo tempo!
per 'mä wa 'bene kueßto 'tempo

Mir passt dieses Wetter!

A me piace questo tempo!
a 'mä 'pjatsche kueßto 'tempo

Ich mag dieses Wetter.

Per noi va bene questo tempo!
per 'noi wa 'bene kueßto 'tempo

Uns passt dieses Wetter!

A noi piace questo tempo!
a 'noi 'pjatsche kueßto 'tempo

Wir mögen dieses Wetter!

Komplimente und Lob

Wer würde sich nicht ab und zu über ein kleines Kompliment freuen? So geht's auf Italienisch:

Questa cosa/… le sta molto bene. kueßta ˈkosa/… le ßta ˈmolto ˈbene
Das hier/… steht Ihnen sehr gut.

camicia
kaˈmitscha

gonna
ˈgonna

cravatta
kraˈwatta

giacca
ˈdschakka

Questo qui/… le sta molto bene. kueßto kuˈi/ … le ßta ˈmolto ˈbene
Dieses hier/… steht Ihnen sehr gut.

vestito
weßˈtito

pullover
pulˈlower

cappello
kaˈpällo

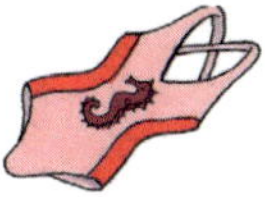

costume
koßˈtume

SPRACHTIPP

Scheuen Sie sich nicht, für unbekannte Dinge/Wörter einfach *cosa* zu sagen und gegebenenfalls durch Deuten oder eine Geste auf das Gemeinte zu verweisen – so wird Ihr Wortschatz ganz automatisch größer.

Das Adjektiv *bello* lässt sich auf fast alles anwenden, was man Ihnen vielleicht stolz zeigen oder vorführen wird:

Che bello! ke ˈbällo — Wie schön!

Che bella cosa! ke ˈbälla ˈkosa — Was für eine schöne Sache!

Che bella camera/…!
ke ˈbälla ˈkamera — Was für ein schönes Zimmer/…!

spiaggia
ˈßpjaddscha

chiesa
ˈkjesa

moto
ˈmoto

gonna
ˈgonna

Che bel nome/…!
ke bäl ˈnome — Was für ein schöner Name/…!

vestito
weßˈtito

cane
ˈkane

gatto
ˈgatto

film
film

Auch das Wort *buono* können Sie immer wieder und für alles Mögliche verwenden:

I pasti sono buoni.
i ˈpaßti ßono buˈoni — Die Mahlzeiten sind gut.

I pasti sono molto buoni.
i ˈpaßti ßono ˈmolto buˈoni — Die Mahlzeiten sind sehr gut.

Questo letto/... è molto buono. kueßto ˈlätto ä ˈmolto buˈono	Dieses Bett/… ist sehr gut.

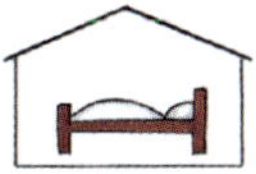

albergo
alˈbärgo

casco
ˈkaßko

ristorante
rißtoˈrante

vino
ˈwino

Questa ... è molto buona. kueßta … ä ˈmolto buˈona	Diese/s … ist sehr gut.

pizza
ˈpitza

torta
ˈtorta

tenda
ˈtenda

pasta
ˈpaßta

Unterkunft

Zimmersuche

So können Sie sich nach einer Unterkunft erkundigen:

Ho bisogno di una camera. o biˈsonjo di una ˈkamera	Ich brauche ein Zimmer.
Abbiamo bisogno di una camera. abbjamo biˈsonjo di una ˈkamera	Wir brauchen ein Zimmer.
Vorrei una camera. worˈräi una ˈkamera	Ich hätte gern ein Zimmer.
Vorremmo una camera. worˈrämmo una ˈkamera	Wir hätten gern ein Zimmer.
Vorrei una camera qui vicino. worˈräi una ˈkamera kuˈi wiˈtschino	Ich hätte gern ein Zimmer hier in der Nähe.
Vorremmo una camera qui vicino. worˈrämmo una ˈkamera kuˈi wiˈtschino	Wir hätten gern ein Zimmer hier in der Nähe.
C'è un … qui vicino? tschä un … kuˈi wiˈtschino	Gibt es in der Nähe eine …?

ufficio informazioni turistiche
ufˈfitscho informaˈzjoni tuˈrißtike

Dove si trova? dowe ßi ˈtrowa	Wo befindet sie sich?
Ci può dire dove si trova? tschi puˈo ˈdire dowe ßi ˈtrowa	Können Sie uns sagen, wo sie sich befindet?
Mi può dire dove si trova? mi puˈo ˈdire dowe ßi ˈtrowa	Können Sie mir sagen, wo sie sich befindet?
Come lo trovo? kome lo ˈtrowo	Wie finde ich sie?
Come lo troviamo? kome lo troˈwjamo	Wie finden wir sie?
A che ora apre? a ke ora ˈapre	Um wie viel Uhr öffnet sie?
È aperto ora? ä aˈpärto ˈora	Ist sie jetzt geöffnet?
Non è aperto ora? non ä aˈpärto ˈora	Ist sie jetzt nicht geöffnet?
È aperto domani? ä aˈpärto doˈmani	Ist sie morgen geöffnet?
Non è aperto domani? non ä aˈpärto doˈmani	Ist sie morgen nicht geöffnet?
Grazie tanto per il suo aiuto. grazie ˈtanto per il ßuo aˈjuto	Vielen Dank für Ihre Hilfe.

Wenn Sie dann im Fremdenverkehrsamt sind, können Sie fragen:

C'è … qui vicino? tschä … kuˈi wiˈtschino	Gibt es hier in der Nähe ein …?

un hotel
unoˈtäl

un albergo
unalˈbärgo

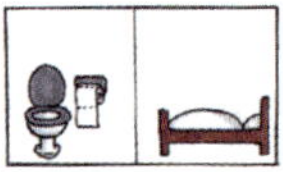

una pensione
una penˈßjone

Dov'è il … più vicino? doˈwä il … pju wiˈtschino — Wo ist der nächste …?

campeggio
kamˈpädd~~sch~~o

Avete una …? aˈwete una — Haben Sie eine …?

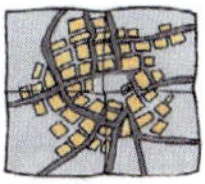

carta stradale
ˈkarta ßtraˈdale

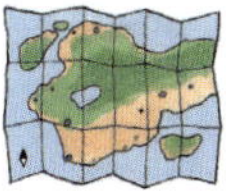

carta geografica
ˈkarta d~~sch~~eoˈgrafika

La posso avere? la ˈpoßßo aˈwere — Kann ich sie haben?

La possiamo avere? la poßˈßjamo aˈwere — Können wir sie haben?

Quanto costa? kuanto ˈkoßta — Was kostet sie?

Um Überraschungen vorzubeugen, sollten Sie Ihre Preisvorstellungen deutlich machen:

Vorremmo una camera non troppo cara. worˈrämmo una ˈkamera non troppo ˈkara — Wir möchten ein Zimmer, das nicht zu teuer ist.

Vorrei una camera non troppo cara. worˈräi una ˈkamera non troppo ˈkara — Ich hätte gern ein Zimmer, das nicht zu teuer ist.

Non posso pagare più di … per una notte. non ˈpoßßo pagare pju di … per una ˈnotte

Ich kann nicht mehr als … pro Nacht zahlen.

Non voglio pagare più di … per una notte. non ˈwoljo pagare pju di … per una ˈnotte

Ich möchte nicht mehr als … pro Nacht zahlen.

▶ **DIE ZAHLEN** finden Sie auf Seite 123.

Non possiamo pagare di più per una notte. non poßˈßjamo pagare di pju per una ˈnotte

Mehr können wir für eine Nacht nicht ausgeben.

Non vogliamo pagare di più per una notte. non wolˈjamo pagare di pju per una ˈnotte

Mehr möchten wir für eine Nacht nicht ausgeben.

Non voglio pagare tanto per una camera. non ˈwoljo pagare ˈtanto per una ˈkamera

So viel möchte ich für ein Zimmer nicht zahlen.

Non posso pagare tanto per una camera. non ˈpoßßo pagare ˈtanto per una ˈkamera

So viel kann ich für ein Zimmer nicht zahlen.

An der Rezeption

Vielleicht haben Sie bereits im Voraus ein Zimmer reserviert:

Avete una camera per me. awete una ˈkamera per ˈmä	Sie haben ein Zimmer für mich.
Avete una camera per noi. awete una ˈkamera per ˈnoi	Sie haben ein Zimmer für uns.
È per … [Ihr Name]. ä per	Es ist für … [Ihr Name].
Siamo dalla Germania*. ˈßjamo dalla dscherˈmanja	Wir sind aus Deutschland.
Quale camera ho? kuale kamera ˈo	Welches Zimmer habe ich?
Quale camera abbiamo? kuale kamera abˈbjamo	Welches Zimmer haben wir?

Auch ohne Reservierung lässt sich aber hoffentlich etwas finden:

Vorremmo una camera con un letto. worˈrämmo una ˈkamera kon un ˈlätto	Wir hätten gerne ein Zimmer mit einem Bett.
È un letto grande? ä un lätto ˈgrande	Ist es ein großes Bett?
Abbiamo bisogno di un letto grande. abˈbjamo biˈsonjo di un lätto ˈgrande	Wir brauchen ein großes Bett.

---

* **dall'Austria** dallˈaußtria — aus Österreich
dalla Svizzera dalla ˈswitzera — aus der Schweiz

Prendiamo una camera con due letti. prendjamo una ˈkamera kon ˈdue lätti

Wir nehmen ein Zweibettzimmer.

Vorremmo una camera con un lettino. worˈrämmo una ˈkamera kon un letˈtino

Wir hätten gerne ein Zimmer mit einem Kinderbett.

KULTURTIPP

Wenn Sie ein Doppelzimmer nehmen, bekommen Sie im Regelfall ein Zweibettzimmer. Möchten Sie sichergehen, dass Sie ein Doppelbett bekommen, sollten Sie das bei der Reservierung angeben.

Vorrei la camera per una notte. worˈräi la ˈkamera per ˈuna ˈnotte

Ich hätte das Zimmer gern für eine Nacht.

Vorrei la camera per due notti. worˈräi la ˈkamera per ˈdue ˈnotti

Ich hätte das Zimmer gern für zwei Nächte.

Vorremmo due camere, per piacere. worˈrämmo due ˈkamere per pjaˈtschere

Wir hätten gerne zwei Zimmer.

Vorremmo le camere per una notte. worˈrämmo le ˈkamere per ˈuna ˈnotte

Wir hätten die Zimmer gern für eine Nacht.

Vorremmo la camera per due notti. worˈrämmo la ˈkamera per due ˈnotti

Wir hätten das Zimmer gern für zwei Nächte.

È pronta la camera? ä ˈpronta la ˈkamera

Ist das Zimmer fertig?

Sono pronte le camere? ßono ˈpronte le ˈkamere	Sind die Zimmer fertig?
Vogliamo stare qui per … notti. wolˈjamo ßtare kuˈi per … ˈnotti	Wir möchten … Nächte hier bleiben.
Voglio stare qui per … notti. woljo ßtare kuˈi per … ˈnotti	Ich möchte … Nächte hier bleiben.

▶ **DIE ZAHLEN** finden Sie auf Seite 123.

Ausstattung und Extras

So können Sie sich genauer nach den Zimmern erkundigen bzw. spezifische Wünsche anbringen:

Quante camere avete? kuante ˈkamere aˈwete	Wie viele Zimmer haben Sie?
Posso avere una camera molto bella, per piacere? ˈpoßßo awere una ˈkamera molto ˈbälla per pjaˈtschere	Kann ich bitte ein sehr schönes Zimmer haben?
Possiamo avere una camera molto bella, per piacere? poßˈßjamo awere una ˈkamera molto ˈbälla per pjaˈtschere	Können wir bitte ein sehr schönes Zimmer haben?
Vorremmo la camera più bella che avete. worˈrämmo la ˈkamera pju ˈbälla ke aˈwete	Wir hätten gerne das schönste Zimmer, das Sie haben.

Abbiamo bisogno di una camera grande. abbjamo biˈsonjo di una ˈkamera ˈgrande — Wir brauchen ein großes Zimmer.

Qual'è la vostra camera più bella? kuaˈlä la woßtra ˈkamera pju ˈbälla — Welches ist das schönste Ihrer Zimmer?

Avete camere più grandi? aˈwete ˈkamere pju ˈgrandi — Haben Sie auch größere Zimmer?

Avete camere più piccole? aˈwete ˈkamere pju ˈpikkole — Haben Sie auch kleinere Zimmer?

Cosa si vede dalla camera? kosa ßi ˈwede dalla ˈkamera — Was können wir vom Zimmer aus sehen?

Vorremmo vedere … dalla camera. worrämmo wedere … dalla ˈkamera — Wir möchten gerne das/den/die … vom Zimmer aus sehen.

il mare
il ˈmare

la spiaggia
la ˈßpjaddscha

le montagne
le monˈtanje

Vorrei una camera con … . worˈräi una ˈkamera kon — Ich hätte gern ein Zimmer mit … .

doccia
ˈdottscha

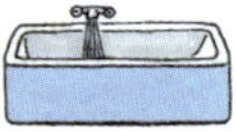

bagno
ˈbanjo

toilette
toaˈlätt

TV
tiˈwu

Posso mangiare qui?
poßßo manˈdschare kuˈi
Kann ich hier essen?

Come vuole.
ˈkome wuˈole
Ganz wie Sie möchten.

Possiamo mangiare qui?
poßˈßjamo manˈdschare kuˈi
Können wir hier essen?

Come volete.
ˈkome woˈlete
Ganz wie ihr möchtet/Sie möchten.

Quanto costa un pasto?
kuanto ˈkoßta un ˈpaßto
Wie viel kostet eine Mahlzeit?

Quanto costano i pasti?
kuanto ˈkoßtano i ˈpaßti
Wie viel kosten die Mahlzeiten?

A che ora ci sono i pasti?
a ke ora tschi ˈßono i ˈpaßti
Um wie viel Uhr gibt es die Mahlzeiten?

A che ora c'è ...?
a ke ora tschä
Um wie viel Uhr gibt es ...?

la colazione
la kolaˈzjone

il pranzo
il ˈprandso

la cena
la ˈtschena

Dove si mangia? dowe ßi ˈmand~~sch~~a	Wo wird gegessen?
Le faccio vedere*. le ˈfattscho weˈdere	Ich zeige es Ihnen.
Vi faccio vedere. wi ˈfattscho weˈdere	Ich zeige es euch/Ihnen.

Vielleicht möchten Sie sich das Zimmer anschauen, bevor Sie sich entscheiden:

Possiamo vedere la camera? poßˈßjamo weˈdere la ˈkamera	Können wir das Zimmer sehen?
Mi può far vedere la camera? mi puˈo far weˈdere la ˈkamera	Könnten Sie mir das Zimmer zeigen?
Vorrei vedere la camera. worˈräi weˈdere la ˈkamera	Ich würde das Zimmer gerne sehen.
Non è ancora pronta la camera? non ä ankora ˈpronta la ˈkamera	Ist das Zimmer noch nicht fertig?
Questa camera è troppo grande per me. kueßta ˈkamera ä troppo ˈgrande per mä	Dieses Zimmer ist zu groß für mich.
Avete una camera più piccola? aˈwete una ˈkamera pju ˈpikkola	Haben Sie ein kleineres Zimmer?
Questa camera è troppo piccola per noi. kueßta ˈkamera ä troppo ˈpikkola per ˈnoi	Dieses Zimmer ist zu klein für uns.

---

* Achtung feste Wendung:
faccio vedere ˈfattscho weˈdere — ich zeige

Avete una camera più grande? a'wete una 'kamera pju 'grande	Haben Sie ein größeres Zimmer?
Avete una camera più bella? a'wete una 'kamera pju 'bälla	Haben Sie ein schöneres Zimmer?

Zimmerpreise

So fragen Sie nach dem Preis für das Zimmer:

Quanto costa questa camera? kuanto 'koßta kueßta 'kamera	Wie viel kostet dieses Zimmer?
Quanto costa per una notte? kuanto 'koßta per una 'notte	Wie viel kostet es für eine Nacht?
Quanto costa per due notti? kuanto 'koßta per 'due 'notti	Wie viel kostet es für zwei Nächte?
È caro! ä 'karo	Das ist teuer!
È molto caro! ä 'molto 'karo	Das ist sehr teuer!
È troppo caro! ä 'troppo 'karo	Das ist zu teuer!
Quanto costa per più notti? kuanto 'koßta per pju 'notti	Wie viel kostet es für mehrere Nächte?
Non avete altre camere? non a'wete altre 'kamere	Haben Sie keine anderen Zimmer?
Non avete camere più piccole? non a'wete 'kamere pju 'pikkole	Haben Sie keine kleineren Zimmer?
Non c'è una camera più piccola? non tschä una 'kamera pju 'pikkola	Gibt es kein kleineres Zimmer?

Entscheidung

Vielleicht haben Sie das gefunden, was Sie suchen:

Sì, questa camera mi piace molto. ßi kueßta ˈkamera mi ˈpjatsche ˈmolto	Ja, dieses Zimmer gefällt mir sehr gut.
La camera è bellissima. la ˈkamera ä belˈlißßima	Das Zimmer ist wunderschön.
La prendo. la ˈprendo	Ich nehme es.
Questa camera ci piace. kueßta ˈkamera tschi ˈpjatsche	Dieses Zimmer gefällt uns.
La prendiamo. la prenˈdjamo	Wir nehmen es.
È molto bella questa camera. ä ˈmolto ˈbälla kueßta ˈkamera	Dieses Zimmer ist sehr schön.
La posso avere subito? la ˈpoßßo awere ˈßubito	Kann ich es sofort nehmen?
La vorremmo avere subito. la worˈrämmo awere ˈßubito	Wir hätten es gerne ab sofort.

… oder Sie müssen sich noch ein bisschen umschauen:

Le vostre camere costano troppo. le woßtre ˈkamere ˈkoßtano ˈtroppo	Ihre Zimmer kosten zu viel.
Le vostre camere sono troppo care. le woßtre ˈkamere ßono ˈtroppo ˈkare	Ihre Zimmer sind zu teuer.
Grazie, ma voglio una camera più bella. ˈgrazie ma woljo una kamera pju ˈbälla	Danke, aber ich möchte ein etwas schöneres Zimmer.

Grazie, ma vogliamo una camera più bella. ˈgrazie ma woljamo una kamera pju ˈbälla

Danke, aber wir wollen ein etwas schöneres Zimmer.

No, non voglio questa camera, grazie. ˈno non ˈwoljo kueßta kamera ˈgrazie

Nein, ich möchte dieses Zimmer nicht, danke.

Non vogliamo questa camera, grazie. non wolˈjamo kueßta kamera ˈgrazie

Wir möchten dieses Zimmer nicht, danke.

Grazie che ci ha fatto vedere le camere. ˈgrazie ke tschi a fatto weˈdere le ˈkamere

Danke, dass Sie uns die Zimmer gezeigt haben.

Grazie che ho potuto vedere le camere. ˈgrazie ke o potuto weˈdere le ˈkamere

Danke, dass ich die Zimmer sehen durfte.

Service

Vielleicht hat man einen Anruf für Sie entgegengenommen:

Scusi, qualcuno L'ha chiamato. ♂
ˈßkusi kualˈkuno la kjaˈmato

Entschuldigung, jemand hat für Sie angerufen.

Scusi, qualcuno L'ha chiamata. ♀
ˈßkusi kualˈkuno la kjaˈmata

Entschuldigung, jemand hat für Sie angerufen.

Scusi, c'è qualcuno che La vuole. ˈßkusi tschä kualˈkuno ke la wuˈole

Entschuldigen Sie, da ist jemand, der nach Ihnen verlangt.

SPRACHTIPP

Stehen die Pronomen *la* und *lo* vor einem Verb, das mit einem Selbstlaut beginnt (oder mit einem stummen Mitlaut wie bei *ha*), fällt das *a* bzw. das *o* am Ende des Pronomens häufig weg, vor allem vor gleich lautenden Vokalen.
So wird *la* + *ha* + *vista* zu *l'ha vista* (er/sie hat sie gesehen) und *lo* + *ho* + *fatto* wird zu *l'ho fatto* (ich habe es getan).

Oder Sie möchten sich wecken lassen:

Ci può chiamare domani mattina? tschi pu'o kja'mare domani mat'tina	Können Sie uns morgen früh anrufen?
A che ora? a ke 'ora	Um wie viel Uhr?
Alle …, per piacere. alle … per pja'tschere	Bitte um … Uhr.

▶ **DIE ZAHLEN** finden Sie auf Seite 123.

Oder brauchen Sie noch etwas Bestimmtes?

Abbiamo bisogno di un altro letto/… abbjamo bi'sonjo di un'altro 'lätto	Wir brauchen ein weiteres Bett/…

Vorremmo avere un letto/... in più*. worrämmo a'were un 'lätto in 'pju

Wir hätten gern ein zusätzliches Bett/...

fon
fon

asciugamano
aschuga'mano

Abbiamo bisogno di un'altra camera/... abbjamo bi'sonjo di unaltra 'kamera

Wir brauchen ein zusätzliches Zimmer/...

gruccia
'gruttscha

saponetta
ßapo'nätta

SPRACHTIPP

Genauso wie vor Substantiven, die mit einem Selbstlaut beginnen, verändert sich auch vor Adjektiven, die mit einem Selbstlaut beginnen, der Artikel.
una+altra wird zu *un'altra* (eine andere/weitere)
il+altro wird zu *l'altro* (der andere)
la+altra wird zu *l'altra* (die andere)

* Achtung feste Wendung:
in più in 'pju — zusätzlich, mehr

Posso avere un pasto/..., per piacere? poßßo a'were un 'paßto/... per pja'tschere

Könnte ich bitte eine Mahlzeit/... haben?

un ferro da stiro
un 'färro da 'ßtiro

uno shampoo
uno 'schampo

Oder Sie sind vielleicht hungrig oder durstig:

Possiamo avere qualcosa da mangiare? poß'ßjamo awere kualkosa da man'dschare

Können wir etwas zu essen bekommen?

Posso avere qualcosa da bere? poßßo a'were kualkosa da 'bere

Kann ich etwas zu trinken bekommen?

Dove si può andare a mangiare qualcosa a quest'ora? dowe ßi pu'o andare a mandschare kual'kosa a kueßt'ora

Wo können wir um diese Zeit noch essen gehen?

Dove possiamo andare a bere qualcosa a quest'ora? dowe poß'ßjamo andare a bere kual'kosa a kueßt'ora

Wo können wir um diese Zeit noch was trinken gehen?

SPRACHTIPP

Vor Wörtern, die mit einem Selbstlaut beginnen, verliert das Wörtchen *questo* bzw. *questa* zur Vereinfachung der Aussprache seinen letzten Buchstaben.
Aus *questa* + *ora* wird *quest'ora* (diese Uhrzeit).

Dov'è il … più vicino?
doˈwä il … pju wiˈtschino

Wo ist hier bitte der/die/das nächste…?

ristorante
rißtoˈrante

bar
ˈbar

caffè
kafˈfä

supermercato
ßupermerˈkato

Quando apre? kuando ˈapre

Wann öffnet es/sie/er?

È aperto oggi? ä aˈpärto ˈoddschi

Hat es/sie/er heute geöffnet?

Beschwerden

Falls Ihre Zimmernachbarn sich einmal daneben benehmen sollten, können Sie sich so darüber beschweren:

Cosa fanno nella camera vicina? kosa ˈfanno nälla ˈkamera wiˈtschina

Was treiben die da im Zimmer nebenan?

C'è qualcosa che non va nella camera vicina. tschä kualˈkosa ke non ˈwa nälla kamera wiˈtschina

Da stimmt etwas nicht im Zimmer nebenan.

SPRACHTIPP

Steht das Wörtchen *in* (in; auf; an) vor einem Artikel, verschmilzt es mit diesem. So wird aus *in + il* die Form *nel* (*nel 1999* – „im Jahr 1999"), aus *in + la* die Form *nella* (*la camera – nella camera*).

Vorremmo andare a letto ma non si può! worrämmo andare a ˈlätto ma non ßi puˈo — Wir würden jetzt gerne schlafen gehen, aber das ist nicht möglich!

Vorrei andare a letto! worräi andare a ˈlätto — Ich würde jetzt gern ins Bett!

Fate qualcosa, per piacere! fate kualˈkosa per pjaˈtschere — Bitte unternehmt/unternehmen Sie irgendetwas!

Vielleicht hilft nur noch der Umzug in ein anderes Zimmer:

Voglio un'altra camera! ˈwoljo unˈaltra ˈkamera — Ich möchte ein anderes Zimmer!

Abbiamo bisogno di un'altra camera. abbjamo biˈsonjo di un ˈaltra ˈkamera — Wir brauchen ein anderes Zimmer!

Domani le posso dare un'altra camera. doˈmani le poßßo ˈdare unˈaltra ˈkamera — Morgen kann ich Ihnen ein anderes Zimmer geben.

Manchmal ist auch der Zimmerservice etwas zu langsam:

La camera non è ancora pronta. la ˈkamera non ä anˈkora ˈpronta — Das Zimmer ist noch nicht fertig.

Abbiamo bisogno della camera ora. abbjamo biˈsonjo dälla ˈkamera ˈora — Wir brauchen das Zimmer jetzt.

Ho bisogno della camera ora. o biˈsonjo dälla ˈkamera ˈora — Ich brauche das Zimmer jetzt.

SPRACHTIPP

Steht das Wörtchen *di* (von; aus; für; als) vor einem bestimmten Artikel, verbindet es sich mit diesem zu einem Wort. So wird *di* + *la* zu *della* (z. B. *della camera* = vom Zimmer, des Zimmers) und *di* + *il* zu *del* (z. B. *del letto* = vom Bett, des Bettes).

Non ho molto tempo.
non ˈo molto ˈtempo
Ich habe nicht viel Zeit.

Non abbiamo molto tempo.
non abˈbjamo molto ˈtempo
Wir haben nicht viel Zeit.

Oder etwas in Ihrem Zimmer hat den Geist aufgegeben:

Scusi, ma il letto/… si è rotto. ˈßkusi ma il ˈlätto/… ßi ä ˈrotto
Entschuldigung, aber das Bett/… ist kaputtgegangen.

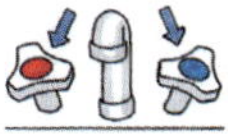

rubinetto
rubiˈnätto

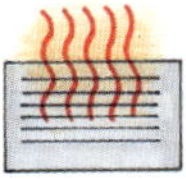

radiatore
radjaˈtore

ventilatore
wentilaˈtore

Scusi, ma la cosa/… si è rotta.
ˈßkusi ma la ˈkosa/… ßi ä ˈrotta

Entschuldigung, aber das Ding/… ist kaputtgegangen.

TV
tiˈwu

lampadina
lampaˈdina

radio
ˈradjo

chiave
ˈkjawe

Possiamo avere un altro letto?
poßˈßjamo awere un ˈaltro ˈlätto

Können wir ein anderes Bett haben?

Posso avere un altro letto?
ˈpoßßo awere un ˈaltro ˈlätto

Kann ich ein anderes Bett haben?

Può fare qualcosa subito?
puˈo fare kualkosa ˈßubito

Können Sie da sofort etwas machen?

Lo può fare per stasera?
lo puo ˈfare per ßtaˈßera

Bekommen Sie das bis heute Abend hin?

Urlaubsaktivitäten

Von A nach B kommen

Egal, was Sie unternehmen möchten, Sie werden dabei immer einiges an (unbekannten) Wegen zurücklegen müssen:

Scusi, come trovo … [Ziel]?
'ßkusi kome 'trowo
Entschuldigung, wie finde ich bitte … [Ziel]?

Scusi, come troviamo …?
'ßkusi kome tro'wjamo
Entschuldigung, wie finden wir bitte …?

Scusi, dove si trova …?
'ßkusi dowe ßi 'trowa
Entschuldigung, wo befindet sich …?

Possiamo prendere il …?
poßßjamo 'prendere il …
Können wir mit dem/der … fahren?

C'è un … qui vicino?
tschä un … ku'i wi'tschino
Gibt es hier in der Nähe eine/einen …?

A che ora c'è il … per …?
a ke ora 'tschä il … per …
Um wie viel Uhr fährt der/die … nach …?

bus
buß

metrò
me'tro

treno
'treno

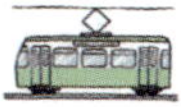
tram
tram

A che ora c'è? a ke ora 'tschä
Um wie viel Uhr fährt er/sie?

Che ore sono? ke ore 'ßono
Wie spät ist es?

Scusi, mi può dire che ore sono?
ˈßkusi mi puo ˈdire ke ore ˈßono

Entschuldigen Sie bitte, können Sie mir sagen, wie spät es ist?

Quanto tempo ci vuole*?
kuanto tempo tschi wuˈole

Wie lange ist man unterwegs?

Shopping

So können Sie das passende Geschäft für Ihre Einkaufswünsche finden:

Scusi, dov'è … più vicino?
ˈßkusi doˈwä … pju wiˈtschino

Entschuldigen Sie, wo ist der/die nächste …?

il macellaio
il matschelˈlajo

il mercato
il merˈkato

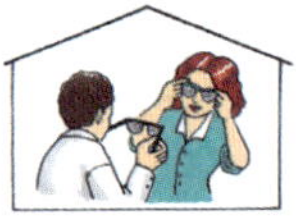

l'ottico
ˈlottiko

il panificio
il paniˈfitscho

il fruttivendolo
il fruttiˈwendolo

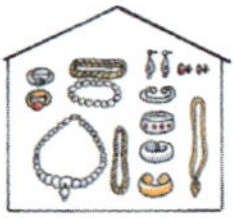

il gioieliere
il dschojelˈjere

---

* Achtung feste Wendung:
ci vuole tschi wuˈole — man braucht/benötigt

Scusi, dove trovo regali/... qui vicino? ˈßkusi dowe ˈtrowo reˈgali kuˈi wiˈtschino

Entschuldigung, wo bekomme ich hier in der Nähe Geschenke/...?

abbigliamento
abbiljaˈmento

pellicole
pelˈlikole

fiori
ˈfjori

scarpe
ˈßkarpe

sigarette
ßigaˈrätte

giornali
dschorˈnali

Dann müssen Sie natürlich noch die Öffnungszeiten kennen:

A che ora aprite? a ke ora aˈprite — Um wie viel Uhr öffnen Sie?

Avete aperto il ...? awete aˈpärto il — Haben Sie am ... offen?

▶ **DIE WOCHENTAGE** finden Sie auf Seite 124.

In quali giorni non avete aperto? in kuali ˈdschorni non aˈwete aˈpärto

An welchen Tagen haben Sie nicht geöffnet?

KULTURTIPP

Im Allgemeinen sind in Italien die Geschäfte von 8:30 oder 9:00 bis 13:00 Uhr sowie von 15:00 oder 16:00 bis etwa 20:00 Uhr geöffnet. Lebensmittelgeschäfte sind in vielen Großstädten Donnerstagnachmittag geschlossen. Friseure und Bekleidungsgeschäfte haben am Montag ihren Ruhetag. In Touristenzentren haben viele Läden während der Sommermonate längere Öffnungszeiten.

Und nun begleiten wir Sie auf einem Einkaufsbummel durch die Welt der Mode:

Che taglia è? ke talja ˈä	Welche Größe ist das?
È la … [Größe]. ä la	Das ist Größe …
Che taglia ha? ke ˈtalja a	Welche Größe haben Sie?
Ho la … [Größe]. o la	Ich trage die …
In Germania* ho la … in dscherˈmanja o la	In Deutschland trage ich …

▶ **DIE ZAHLEN** finden Sie auf Seite 123.

* **Austria** ˈaußtria	Österreich
Svizzera ˈswitzera	der Schweiz

KULTURTIPP

Falls einmal die entsprechenden deutschen Größen nicht angegeben sein sollten: Die italienische Damengröße 42 entspricht ungefähr der deutschen Größe 36, die italienische Größe 44 der deutschen Größe 38 usw. Dasselbe gilt für Herrengrößen (z.B. deutsche 52 = italienische 58).

Vorrei qualcosa di bello per la sera. worräi kualkosa di ˈbällo per la ˈßera	Ich möchte etwas Hübsches für den Abend.
Questo potrebbe andare bene. kuˈeßto poträbbe andare ˈbene	Das könnte mir passen.
Lo vediamo subito. lo wedjamo ˈßubito	Das sehen wir gleich.
Le va bene questo? le wa ˈbene kuˈeßto	Passt Ihnen das?
Le va bene questa taglia? le wa ˈbene kueßta ˈtalja	Passt Ihnen diese Größe?
No, è troppo piccolo. ˈno ä troppo ˈpikkolo	Nein, es ist zu klein.
No, è troppo grande. ˈno ä troppo ˈgrande	Nein, es ist zu groß.
Questo è troppo piccolo. kuˈeßto ä troppo ˈpikkolo	Das ist zu klein.
Questo è troppo grande. kuˈeßto ä troppo ˈgrande	Das ist zu groß.

Ho bisogno di una taglia in più.* o bi'sonjo di una 'talja in 'pju — Ich brauche eine Größe größer.

C'è più piccolo? 'tschä pju 'pikkolo — Gibt es das auch kleiner?

No grazie, non voglio un'altra taglia. no 'grazie non 'woljo unaltra 'talja — Danke, ich möchte keine andere Größe.

Mi sta bene? mi ßta 'bene — Steht es mir?

Mi sta bene questo? mi ßta 'bene ku'eßto — Steht mir dieses da?

Sì, le sta bene! 'ßi le ßta 'bene — Ja, es steht Ihnen gut!

Sì, le sta molto bene! 'ßi le ßta 'molto bene — Ja, es steht Ihnen sehr gut!

Mi sta meglio questo? mi ßta meljo ku'eßto — Steht mir dieses besser?

Sì, le sta ancora meglio. 'ßi le ßta an'kora 'meljo — Ja, das steht Ihnen noch besser.

No, non le sta meglio. 'no non le 'ßta 'meljo — Nein, das steht Ihnen nicht besser.

Questo è bellissimo! ku'eßto ä bel'lissimo — Das ist wunderschön!

Lo prendo! lo 'prendo — Ich nehme es!

---

* Achtung feste Wendung:
in più in 'pju — mehr, zusätzlich

Vielleicht möchten Sie auch Freunden und Bekannten zu Hause mit für Italien typischen Souvenirs eine Freude machen:

Posso vedere? poßßo we'dere	Darf ich mal sehen?
Cos'è questo? ko'sä ku'eßto	Was ist das hier?
Cosa si fa con questo? kosa ßi 'fa kon ku'eßto	Was macht man damit?
Ho bisogno di un regalo bello. o bi'sonjo di un re'galo 'bällo	Ich brauche ein schönes Geschenk.
Vorrei un regalo bello ma non troppo caro. worräi un regalo 'bällo ma non troppo 'karo	Ich möchte ein hübsches, aber nicht zu teures Geschenk.
Abbiamo bisogno di un regalo molto bello. abbjamo bi'sonjo di un re'galo 'molto 'bällo	Wir brauchen ein sehr schönes Geschenk.

KULTURTIPP

Wenn Sie jemandem etwas Typisches aus Italien mitbringen wollen, dann greifen Sie am besten zu einer guten Flasche Wein (z. B. *Chianti* oder *Barolo*), einer Flasche Olivenöl (*extra vergine*) oder einer außergewöhnlichen Nudelsorte. Wenn Sie ein größeres Budget haben, eignen sich auch Leder- oder Tonwaren als Mitbringsel.

Unterhaltung

Ora cosa facciamo? ˈora kosa fatˈtschamo	Was machen wir jetzt?
Ora cosa si fa? ˈora kosa ßi ˈfa	Was machen wir jetzt?
Ora cosa si potrebbe fare? ˈora kosa ßi poträbbe ˈfare	Was könnte man jetzt unternehmen?
Cosa facciamo stasera? kosa fatˈtschamo ßtaˈßera	Was machen wir heute Abend?
Dove andiamo? dowe anˈdjamo	Wo gehen wir hin?
Andiamo ...? anˈdjamo	Gehen wir ins ...?
Vorrei andare ... worräi anˈdare	Ich würde gern ins/in die ... gehen.

al museo
al muˈseo

a teatro
a teˈatro

all'opera
alˈlopera

al concerto
al konˈtschärto

Dove posso prendere i biglietti? dowe poßßo ˈprendere i biˈljätti	Wo kann ich die Karten kaufen?
Ho bisogno di biglietti molto buoni. o biˈsonjo di biˈljätti molto buˈoni	Ich brauche sehr gute Eintrittskarten.
Vorrei biglietti non troppo cari. worräi biˈljätti non troppo ˈkari	Ich hätte gern nicht zu teure Eintrittskarten.

Quanto costano i biglietti? kuanto ˈkoßtano i biˈljätti
Was kosten die Karten?

Quanto costano i biglietti più buoni? kuanto ˈkoßtano i biˈljätti pju buˈoni
Was kosten die besten Karten?

A che ora è? a ke ora ˈä
Um wie viel Uhr findet er/sie/es statt?

A che ora andiamo? a ke ora anˈdjamo
Um wie viel Uhr gehen wir los?

Essen gehen

Wenn Sie essen gehen möchten, stellt sich zunächst die Frage nach der Essenszeit:

A che ora vorresti mangiare? a ke ora worräßti manˈdschare
Um wie viel Uhr würdest du gerne essen?

Quando vuole mangiare qualcosa? kuˈando wuole manˈdschare kualˈkosa
Wann möchten Sie etwas essen?

A che ora mangi la sera? a ke ora ˈmandschi la ˈßera
Um welche Zeit isst du zu Abend?

Qui si mangia più tardi che in Germania*. kuˈi ßi ˈmandscha pju ˈtardi ke in dscherˈmanja
Hier isst man später als in Deutschland.

* **Austria** ˈaußtria — Österreich
Svizzera ˈswitzera — der Schweiz

Andiamo a mangiare ora? anˈdjamo a mandschare ˈora
Gehen wir jetzt essen?

Possiamo avere qualcosa da mangiare? poßˈßjamo awere kualkosa da manˈdschare
Können wir etwas zu essen bekommen?

... und dann natürlich nach dem Was und dem Wie viel:

Cosa vorresti mangiare? kosa worräßti manˈdschare
Was möchtest du gerne essen?

Cosa vuole da mangiare? kosa wuˈole da manˈdschare
Was hätten Sie gerne zu essen?

Cosa prende? kosa ˈprende
Was nehmen Sie?

Vorrei ... worräi
Ich hätte gern ...

una minestra
una miˈnäßtra

del salame
däl ßaˈlame

un'insalata
uninßaˈlata

delle olive
dälle oˈliwe

Vorrei … con … worräi … kon … Ich möchte … mit …

una cotoletta
una koto'lätta

il pesce
il 'pesche

la carne di vitello
la 'karne di wi'tällo

le patatine
le pata'tine

le carote
le ka'rote

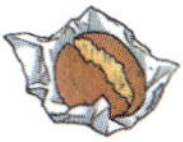

le patate
le pa'tate

il riso
il 'riso

KULTURTIPP

Ein vollständiges italienisches Essen besteht normalerweise aus einer Vorspeise, gefolgt von *il primo* (einem Nudel- oder Reisgericht), dem Hauptgang *il secondo* (einem Fleisch- oder Fischgericht) und einer Nachspeise.

E cosa vuole da bere?
e 'kosa wuole da 'bere
Und was möchten Sie trinken?

Vuole bere qualcosa?
wuole bere kual'kosa
Möchten Sie etwas trinken?

Vorrei … wor'räi — Ich hätte gerne …

un'acqua
un'akua

un bicchiere di vino rosso
un bik'kjere di wino 'roßßo

un bicchiere di vino bianco
un bik'kjere di wino 'bjanko

una birra
una 'birra

Non mangio tanto.
non 'mandscho 'tanto — Ich esse nicht viel.

Non posso mangiare tanto stasera. non 'poßßo mandschare 'tanto ßta'ßera — Ich kann heute Abend nicht viel essen.

Ho mangiato piccole cose tutto il giorno. o man'dschato pikkole 'kose tutto il 'dschorno — Ich habe den ganzen Tag über viele Kleinigkeiten gegessen.

Posso avere ancora qualcosa di questo? poßßo a'were ankora kualkosa di ku'eßto — Könnte ich hiervon noch etwas haben?

Vuole ancora qualcosa?
wuole ankora kual'kosa — Möchten Sie noch etwas?

No, grazie. Non posso più mangiare niente. no ˈgrazie. non poßßo pju mand~~sch~~are ˈnjente	Nein, danke, ich kann nichts mehr essen.

Leider gibt es auch manchmal im Restaurant Grund zur Klage:

Non è quello che voglio. non ˈä kuello ke ˈwoljo	Das ist nicht das, was ich will.
Scusi, ma questo non è buono. ˈßkusi ma kuˈeßto non ä buˈono	Entschuldigung, aber das hier schmeckt nicht.
Scusi, ma non è buono per niente*. ˈßkusi ma non ä buˈono per ˈnjente	Entschuldigung, aber das schmeckt überhaupt nicht gut.
Non lo mangio. non lo ˈmand~~sch~~o	Ich esse das nicht.
Non lo pago. non lo ˈpago	Ich zahle das nicht.

In der Bar

Vuole ancora qualcosa da bere? wuole ankora kualˈkosa da ˈbere	Möchten Sie noch etwas trinken?
Sì, ma vorrei pagare per me. ˈßi ma worräi paˈgare per ˈmä	Ja, aber ich möchte für mich zahlen.
Vorrei pagare. worˈräi paˈgare	Ich würde gerne zahlen.
Alla tua! alla ˈtua	Auf dein Wohl!
Alla vostra! alla ˈwoßtra	Auf euer Wohl!

* Achtung feste Wendung:
non ... per niente non per ˈnjente — überhaupt nicht

No grazie, non bevo più niente.
no ˈgrazie non bewo pju ˈnjente

Nein danke, ich trinke nichts mehr.

Ho bevuto troppo.
o bewuto ˈtroppo

Ich habe zu viel getrunken.

KULTURTIPP

Die italienische *bar* hat mit einer deutschen Bar wenig gemeinsam. In der typischen *bar*, die außer einem Tresen meistens nur wenige kleine Tische hat, trinkt man morgens einen *cappuccino* und isst eine *brioche* (Hörnchen) dazu, abends gönnt man sich ein Gläschen Wein oder einen Espresso zur Verdauung. Sollten Sie also Lust auf Cocktails haben, gehen Sie besser in einen Pub oder in eine Cocktailbar.

Bekanntschaften und Flirts

Vielleicht knüpfen Sie vor Ort neue Kontakte oder lernen eine charmante Begleitung kennen:

Sei qui con qualcuno?
ßäi kuˈi kon kualˈkuno

Bist du mit jemandem hier?

È qui con qualcuno?
ä kuˈi kon kualˈkuno

Sind Sie mit jemandem hier?

Ti ho visto ieri sera.
ti o ˈwißto jeri ˈßera

Ich habe dich gestern Abend gesehen.

Andiamo a mangiare stasera?
anˈdjamo a manˈdschare ßtaˈßera

Gehen wir heute Abend essen?

Hai tempo stasera? 'ai 'tempo ßta'ßera — Hast du heute Abend Zeit?

Ha tempo domani sera? a 'tempo domani 'ßera — Haben Sie morgen Abend Zeit?

Sì, ho tempo. 'ßi o 'tempo — Ja, ich habe Zeit.

Grazie tanto. grazie 'tanto — Vielen Dank.

Ci vediamo ancora? tschi wedjamo an'kora — Sehen wir uns wieder?

Ci vediamo domani? tschi wedjamo do'mani — Sehen wir uns morgen?

KULTURTIPP

Um eine Frau zu beeindrucken, übernehmen italienische Männer bei den ersten Verabredungen gerne die Rechnung. Geht man später zusammen mit Freunden weg, wird die Gesamtrechnung meistens auf alle umgelegt.

Vielleicht sind Sie sich sogar mehr als nur sympathisch:

È bello stare con te. ä 'bällo ßtare kon 'tä — Es ist schön, mit dir zusammen zu sein.

Sei bellissima. ♀ ßäi bel'lißßima — Du bist wunderschön.

Sei bellissimo. ♂ ßäi bel'lißßimo — Du siehst sehr gut aus.

Mi piaci molto. mi 'pjatschi 'molto — Du gefällst mir sehr.

Mi piace stare con te. mi ˈpjatsche ßtare kon ˈtä
Ich bin gerne mit dir zusammen.

Voglio stare con te giorno e notte! woljo ßtare kon ˈtä ˈdschorno e ˈnotte
Ich möchte Tag und Nacht mit dir zusammen sein!

Andernfalls können Sie so reagieren, um unerwünschte Einladungen bzw. allzu heftige Avancen abzulehnen:

Grazie, ma ho troppe cose da fare. ˈgrazie ma o ˈtroppe kose da ˈfare
Danke, aber ich habe zu viel zu tun.

No grazie, ho altro da fare! no ˈgrazie o ˈaltro da fare
Nein danke, ich habe etwas anderes zu tun.

Scusa, ma sto con qualcuno. ˈßkusa ma ßto kon kualˈkuno
Tut mir leid, aber ich bin mit jemandem zusammen.

Sono qui con qualcuno, non vedi? ßono kuˈi kon kualˈkuno non ˈwedi
Ich bin mit jemandem hier, siehst du das nicht?

Non voglio andare a letto con te. non ˈwoljo andare a ˈlätto kon ˈtä
Ich will nicht mit dir ins Bett gehen.

Non vuoi capire? non wuˈoi kaˈpire
Willst du es denn nicht verstehen?

Ho detto di no. o ˈdätto di ˈno
Ich habe nein gesagt.

Speisekarte

Lebensmittel

brodo di carne 'brɔdo di 'karne	Fleischbrühe
consomme konso'ma	Kraftbrühe
agnello a'njallo	Lamm
arrosto ar'rɔsto	Braten
bistecca bi'stekka	Steak
capriolo kapri'ɔlo	Reh
cervello tscher'wallo	Hirn
coniglio ko'niljo	Kaninchen
filetto fi'letto	Filet
frattaglie frat'talje	Innereien
involtini inwol'tini	Rouladen
maiale ma'jale	Schweinefleisch
manzo 'mandso	Rindfleisch
montone mon'tone	Hammel
salsicce sal'sittsche	Würstchen
salsiccia sal'sittscha	Wurst
fagiano fa'dschano	Fasan
faraona fara'ona	Perlhuhn

gallina gal'lina	Huhn
oca 'ɔka	Gans
pollo 'pollo	Hähnchen
tacchino tak'kino	Truthahn
anguilla angu'illa	Aal
aringa a'ringa	Hering
luccio 'luttscho	Hecht
merluzzo mer'luttso	Kabeljau
salmone sal'mone	Lachs
sgombro 'sgombro	Makrele
acciughe at'tschuge	Anchovis, Sardellen
astice 'astitsche	Hummer
cozze 'kɔttse	Miesmuscheln
gambero 'gambero	Krebs, Flusskrebs
granchio grankjo	Krabbe
ostriche 'ɔstrike	Austern
polpo 'polpo	Krake
seppie 'seppje	Tintenfische
asparagi a'sparadschi	Spargel
carciofini kartscho'fini	Artischockenherzen
cavolfiore kawol'fjore	Blumenkohl

ceci 'tschetschi	Kichererbsen
fagioli bianchi di Spagna fa'd~~sch~~ɔli 'bjanki di 'spanja	weiße Bohnen
fagiolini fad~~sch~~o'lini	grüne Bohnen
funghi coltivati 'fungi kolti'wati	Champignons
funghi porcini 'fungi por'tschini	Steinpilze
peperoni pepe'roni	Paprikaschoten
piselli pi'salli	Erbsen
pomodori pomo'dɔri	Tomaten
patate fritte pa'tate 'fritte	Pommes frites
patate lesse pa'tate 'lesse	Salzkartoffeln
frittata frit'tata	Omelett
uova strapazzate u'ɔwa strapat'tsate	Rühreier
uovo al tegamino u'ɔwo al tega'mino	Spiegelei
uovo alla coque u'ɔwo 'alla kɔk	weich gekochtes Ei
uovo sodo u'ɔwo 'sɔdo	hart gekochtes Ei

affumicato affumi'kato	geräuchert
alla brace 'alla 'bratsche	gegrillt
arrosto ar'rɔsto	gebraten, geröstet
gratinato grati'nato	überbacken
impanato impa'nato	paniert
in umido in 'umido	geschmort
stufato stu'fato	gedünstet
Bel Paese bel pa'ese	Bel Paese (milder Weichkäse)
caprino ka'prino	Ziegenkäse
pecorino peko'rino	Schafskäse
stracchino strak'kino	milder Streichkäse
albicocca albi'kɔkka	Aprikose
ciliege tschi'ljadsche	Kirschen
cocomero ko'komero	Wassermelone
lampone lam'pone	Himbeere
pesca 'paska	Pfirsich
uva 'uwa	Weintrauben
amaretti ama'retti	Makronen, Mandelgebäck

bombolone, krapfen bombo'lone, 'krafen	Krapfen
budino bu'dino	Pudding
macedonia matsche'dɔnja	Obstsalat
meringa me'ringa	Baiser
brioche bri'ɔsch	Hörnchen
panna montata 'panna mon'tata	Schlagsahne
pasticcini pastit'tschini	Teegeback
torta di mele 'torta di 'mele	Apfelkuchen
torta di mandorle 'torta di 'mandorle	Mandelkuchen

amaro a'maro	Magenbitter
aperitivo aperi'tiwo	Aperitif
demi-sec demi'sak	halbtrocken
dolce 'doltsche	süß
forte 'fɔrte	stark
secco 'sekko	trocken

acqua minerale gassata 'akkua mine'rale gas'sata	Mineralwasser mit Kohlensäure
acqua minerale non gassata 'akkua mine'rale non gas'sata	Mineralwasser ohne Kohlensäure

limonata limo'nata	Limonade
succo di mele 'sukko di 'mele	Apfelsaft
latte 'latte	Milch
tè tä	Tee
tisana ti'sana	Kräutertee

Gerichte

minestra di verdura mi'nastra di wer'dura	Gemüsesuppe
minestrone mine'strone	dicke Gemüsesuppe
carpaccio kar'pattscho	dünnes, rohes Fleisch mit Zitronensaft und Öl
crostini kro'stini	belegte geröstete Brotschnitten
funghi sott'olio 'fungi sot'tɔljo	in Öl eingelegte Pilze
pinzimonio pintsi'mɔnjo	rohes Gemüse in Salz, Pfeffer und Öl eingetunkt
sottaceti sotta'tscheti	in Essig eingemachtes Gemüse
tartine tar'tine	belegte Brotschnitten
tonno e fagioli tonno e fa'dschɔli	Bohnensalat mit Thunfisch und Zwiebeln

pappardelle alla lepre pappar'dalle 'alla 'lepre	breite Bandnudeln mit Hasenragout
pasta al burro (in bianco) 'pasta al 'burro (in 'bjanko)	Nudelgericht mit Butter oder Olivenöl und Käse
pasta all'amatriciana 'pasta allamatri'tschana	Nudelgericht mit Tomatensoße, Schweinebauch, Zwiebeln und Schafskäse
pasta alle vongole 'pasta 'alle 'wongole	Nudelgericht mit Venusmuscheln
polenta po'lanta	Maisbrei
abbacchio ab'bakkjo	Milchlamm
brasato bra'sato	Rindfleisch in Wein geschmort
coscia di vitello 'kɔscha di wi'tallo	Kalbskeule
cotoletta alla milanese koto'letta 'alla mila'nese	Wiener Schnitzel
fegato alla veneziana 'fegato 'alla wene'tsjana	Leber mit Zwiebeln und Weißwein
fettina fet'tina	dünnes Schnitzel
lombata arrosto lom'bata ar'rɔsto	Lendenbraten
maialino da latte maja'lino da 'latte	Spanferkel

ossobuco osso'buko	Rind- oder Kalbshaxe in Scheiben
polpettone polpet'tone	falscher Hase, Hackbraten
porcellino da latte portschel'lino da 'latte	Spanferkel
rognoni di vitello ro'njoni di wit'allo	Kalbsnieren
saltimbocca alla romana saltim'bɔkka 'alla ro'mana	Kalbsschnitzel mit Schinken und Salbei
scaloppine skalop'pine	kleine Schnitzel
spiedini alla griglia spje'dini 'alla 'grilja	gegrillte Fleischspieße
stufato stu'fato	Schmorbraten
trippa 'trippa	Kutteln
vitello tonnato wi'tallo ton'nato	gekochtes Kalbfleisch mit Thunfisch- und Kapernsoße
anatra all'arancia 'anatra alla'rantscha	Ente mit Orange
piccione ripieno pit'tschone ri'pjano	gefüllte Taube
trota al cartoccio 'trɔta al kar'tɔttscho	Forelle, in der Folie gebacken
melanzane alla parmigiana melan'dsane 'alla parmi'dschana	Auberginen, frittiert und mit Parmesan und Tomatensoße überbacken

cassata kas'sata	Eis mit kandierten Früchten
zabaione dsaba'jone	Eischaum mit Marsalawein
zuppa inglese 'tsuppa in'glese	Süßpeise aus Creme und in Kaffee oder Likör getränkten Löffelbiskuits
gelato affogato dsche'lato affo'gato	Eis mit Likör oder Kaffee übergossen
gelato fior di latte con la panna dsche'lato 'fjor di 'latte kon la 'panna	Sahneeis mit Schlagsahne
bigne alla crema bi'nja 'alla 'krama	Windbeutel mit Creme
ciambella tscham'balla	ausgebackener Hefeteigkringel
crostata kro'stata	Mürbeteigkuchen, mit Marmelade gefüllt
diplomatico diplo'matiko	Sandkuchen, mit Creme und Likör getränkt
sfogliatella sfolja'talla	Blätterteiggebäck, mit Marmelade oder Creme gefüllt
marsala mar'sala	süßer oder herber Likörwein aus Sizilien
spumante spu'mante	Schaumwein, Sekt

stravecchio stra'wakkjo	Kognak
vinsanto win 'santo	süßer oder herber Likörwein aus der Toskana

aranciata aran'tschata	Orangeade
gazzosa gad'dsosa	Sprudel
orzata or'dsata	süßer Mandelsirup
spremuta di arancia spre'muta di a'rantscha	frisch gepresster Orangensaft
caffe corretto kaf'fa kor'ratto	Espresso mit einem Schuss Schnaps

Notfälle und Missgeschicke

Hilfe holen

Mi potrebbe aiutare? mi poˈträbbe ajuˈtare	Könnten Sie mir bitte helfen?
Ci potrebbe aiutare? tschi poˈträbbe ajuˈtare	Könnten Sie uns bitte helfen?
Mi può aiutare, per piacere? mi puˈo ajuˈtare per pjaˈtschere	Können Sie mir bitte helfen?
Ho bisogno di aiuto! o bisonjo di aˈjuto	Ich brauche Hilfe!
Abbiamo bisogno di aiuto subito! abbjamo bisonjo di ajuto ˈßubito	Wir brauchen sofort Hilfe!
Aiuto! aˈjuto	Hilfe!
Chiamate qualcuno che ci può aiutare! kjaˈmate kualˈkuno ke tschi puo ajuˈtare	Holt jemanden, der uns helfen kann!
Chiama qualcuno che ci può aiutare! ˈkjama kualˈkuno ke tschi puo ajuˈtare	Hole jemanden, der uns helfen kann!
E vai! e ˈwai	Na los, geh schon!
Fate qualcosa! ˈfate kualˈkosa	So tut doch etwas!
Ci deve aiutare subito. tschi dewe ajuˈtare ˈßubito	Sie müssen uns sofort helfen.

KULTURTIPP

Unter den kostenfreien Telefonnummern 112 und 113 erreichen Sie die italienische Polizei, die Ihnen bei jeder Art von Notfall helfen kann.

Unfall

Bestenfalls kommt man noch einmal mit dem Schrecken davon:

Tutto bene? tutto ˈbene	Alles in Ordnung?
Stai bene? ßtai ˈbene	Geht es dir gut?
Sta bene? ßta ˈbene	Geht es Ihnen gut?
Non ti sei rotto niente? ♂ non ti ßäi rotto ˈnjente	Hast du dir auch nichts gebrochen?
Non ti sei rotta niente? ♀ non ti ßäi rotta ˈnjente	Hast du dir auch nichts gebrochen?
Non ti fa male niente? non ti fa male ˈnjente	Dir tut auch wirklich nichts weh?
Non le fa male niente? non le fa male ˈnjente	Ihnen tut auch wirklich nichts weh?

SPRACHTIPP

Die Verbindung des Verbs *fare* (machen, tun) und dem Wort *male* (schlecht) wird wegen der schnelleren Aussprache zu *far male* und bedeutet „wehtun“, „schmerzen“.

Wenn doch einmal etwas passiert ist, taucht natürlich die Frage nach der Schuld auf:

Non ho fatto niente! non o ˈfatto ˈnjente	Ich habe nichts getan!
Siete stati voi! ♂ ßjete ßtati ˈwoi	Ihr seid es gewesen!
Siete state voi! ♀ ßjete ßtate ˈwoi	Ihr seid es gewesen!
Non siamo stati noi! ♂ non ˈßjamo ßtati ˈnoi	Wir sind es nicht gewesen!
Non siamo state noi! ♀ non ˈßjamo ßtate ˈnoi	Wir sind es nicht gewesen!
Ho visto tutto. o ˈwißto ˈtutto	Ich habe alles gesehen.
Non mi ha visto? non mi a ˈwißto	Haben Sie mich nicht gesehen?

Chiami ..., per piacere. kjami ... per pjaˈtschere	Bitte rufen Sie ...

il soccorso stradale
il ßokˈkorßo ßtraˈdale

l'ambulanza
lambuˈlanza

la polizia
la poliˈzia

Verlust und Diebstahl

Ho perso il biglietto/...
o ˈpärßo il biˈljätto

Ich habe das Ticket/... verloren.

l'anello
laˈnällo

il portafoglio
il portaˈfoljo

il passaporto
il paßßaˈporto

l'orologio
loroˈlod~~sch~~o

Qualcuno ha rotto ...
kualˈkuno a rotto ...

Jemand hat ... kaputt gemacht.

la macchina
la ˈmakkina

la roulotte
la ruˈlott

il camper
il ˈkamper

la tenda
la ˈtenda

Hanno preso tutte le cose!
anno preso ˈtutte le ˈkose

Sie haben alle Sachen mitgenommen!

Non c'è più niente.
non tschä pju ˈnjente

Es ist nichts mehr da.

Arztbesuch

Cosa posso fare per voi?
kosa poßßo ˈfare per ˈwoi
Was kann ich für euch tun?

Non sto bene per niente.
non ßto ˈbene per ˈnjente
Mir geht es überhaupt nicht gut.

Ho male qui … [deutend].
o male kuˈi
Hier tut es weh.

C'è qualcosa che non va con … tschä kualˈkosa ke non ˈwa kon
Da stimmt etwas nicht mit dem …

il cuore
il kuˈore

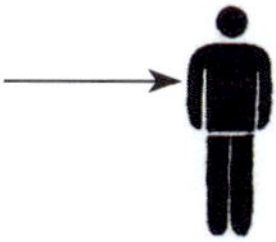

il braccio
il ˈbrattscho

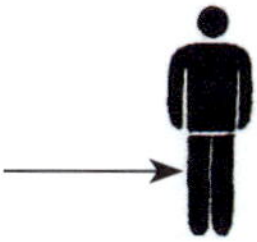

la gamba
la ˈgamba

Cosa posso fare? kosa poßßo ˈfare
Was kann ich tun?

KULTURTIPP

Erkundigen Sie sich vor Ihrer Abreise nach Italien bei Ihrer Krankenversicherung, wie diese die Abrechnung bei Arztbesuchen oder Krankenhausaufenthalten in Italien handhabt. Haben Sie eine Pauschalreise gebucht, schließen Sie am besten eine Auslandskrankenversicherung ab, die dann im Ernstfall wirklich alle Kosten übernimmt.

In Bedrängnis

Wenn Sie jemand bedrängt, ausfallend wird oder sich mit Ihnen streiten möchte, können Sie sich so wehren:

Non ho tempo.	non o ˈtempo	Ich habe keine Zeit.
Non La voglio vicino!	non la ˈwoljo wiˈtschino	Ich möchte Sie nicht in meiner Nähe haben!
Non capisce?	non kaˈpische	Kapieren Sie das nicht?
Non mi dare nomi!	non mi ˈdare ˈnomi	Beschimpf mich bloß nicht!
Ma cosa vuoi?	ma kosa wuˈoi	Was willst du überhaupt?
Ma cosa vuole?	ma kosa wuˈole	Was wollen Sie eigentlich?

Falls Sie sich einmal verlaufen haben, können Sie sagen:

Scusi, mi sono perso. ♂	ˈßkusi mi ßono ˈpärßo	Entschuldigen Sie, ich habe mich verirrt.
Scusi, mi sono persa. ♀	ˈßkusi mi ßono ˈpärßa	Entschuldigen Sie, ich habe mich verirrt.
È di qui?	ä di kuˈi	Sind Sie von hier?
Non sei di qui?	non ˈßäi di kuˈi	Bist du nicht von hier?
Ci siamo persi.	tschi ßjamo ˈpärßi	Wir haben uns verlaufen.
Ci può aiutare?	tschi puˈo ajuˈtare	Können Sie uns helfen?
Voglio andare a … [Ziel].	woljo anˈdare a	Ich möchte nach … [Ziel]
Vogliamo andare a …	woljamo anˈdare a	Wir möchten nach …
Dove sono?	dowe ˈßono	Wo bin ich?

Missgeschicke

Falls Ihnen oder Ihrer Begleitung ein Missgeschick passiert sein sollte, können Sie sagen:

Ho rotto il letto/… o ˈrotto il ˈlätto — Ich habe das Bett/… kaputtgemacht.

la TV la tiˈwu

il bicchiere il bikˈkjere

gli occhiali lji okˈkjali

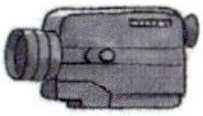

la videocamera la wideoˈkamera

Mi scusi tanto. mi ßkusi ˈtanto — Entschuldigen Sie bitte vielmals.

Ci scusi tanto. tschi ßkusi ˈtanto — Entschuldigen Sie uns bitte vielmals.

Scusa. ˈßkusa — Entschuldige bitte.

Lo posso pagare? lo ˈpoßßo paˈgare — Kann ich das bezahlen?

Scusa che non sono ancora pronta. ♀ ˈßkusa ke non ßono ankora ˈpronta — Tut mir leid, dass ich noch nicht fertig bin.

Scusa che non sono ancora pronto. ♂ ˈßkusa ke non ßono ankora ˈpronto — Tut mir leid, dass ich noch nicht fertig bin.

Scusate che non siamo ancora pronti. ßkuˈsate ke non ßjamo ankora ˈpronti — Entschuldigt, dass wir noch nicht fertig sind.

Wörterbuch

A

a a nach, zu; bis; um; an
abbiamo ab'bjamo wir haben
abbiamo bisogno di ab'bjamo bi'sonjo di wir brauchen, benötigen
l'abbigliamento ♂ labbilja'mento Kleidung
l'acqua ♀ 'lakua Wasser
aiuta a'juta er/sie/es hilft; Sie helfen
aiutare aju'tare helfen
aiutarsi aju'tarßi sich helfen
aiutarti aju'tarti dir helfen
aiutate aju'tate ihr helft
aiutato aju'tato geholfen
aiuti a'juti du hilfst
aiuto a'juto ich helfe
l'aiuto ♂ la'juto Hilfe
al all zum, am
l'albergo ♂ lal'bärgo Hotel
all' all zum, zur; am, an der
alle 'alle um (*bei der Uhrzeit*)
altro 'altro anderer; weiterer
l'ambulanza ♀ lambu'lanza Krankenwagen
ancora an'kora noch
andarci an'dartschi hingehen
andare an'dare gehen
andate an'date ihr geht
andato an'dato gegangen
andiamo an'djamo wir gehen
l'anello ♂ la'nällo Ring
l'aperitivo ♂ laperi'tiwo Aperitif
aperto a'pärto offen, geöffnet
apre 'apre er/sie/es öffnet; Sie öffnen
aprire a'prire öffnen
aprirsi a'prirßi sich öffnen
aprite a'prite ihr öffnet
arrivederci arriwe'dertschi auf Wiedersehen
arrivederLa arriwe'derla auf Wiedersehen
l'asciugamano ♂ laschuga'mano Handtuch
Austria 'außtria Österreich
avere a'were haben
avete a'wete ihr habt

B

il bagno il 'banjo Bad; Badewanne
il bar il bar Bar
bel(lo) 'bäl(lo) schön
bellissimo bel'lißßimo wunderschön
bene 'bene gut [Adverb]
bere 'bere trinken
Berlino ber'lino Berlin
bevo 'bewo ich trinke
bevuto be'wuto getrunken
bianco 'bjanko weiß
il bicchiere il bik'kjere Glas

il biglietto il biˈljätto Fahrkarte; Eintrittskarte; Ticket
la birra la ˈbirra Bier
bisogno: avere bisogno di aˈwere biˈsonjo di brauchen, benötigen
il braccio il ˈbrattscho Arm
la brioche la briˈosch Croissant, Hörnchen
brutto ˈbrutto scheußlich
buon(o) buˈon(o) gut
buongiorno buonˈd~~sch~~orno Guten Tag/Morgen
il bus il ˈbuß Bus

C

il caffè il kafˈfä Kaffee; Café
la camera la ˈkamera Zimmer
la camera doppia la ˈkamera ˈdoppja Zweibettzimmer
la camera matrimoniale la ˈkamera matrimoˈnjale Doppelzimmer
la camicia la kaˈmitscha Hemd
il campeggio il kamˈpedd~~sch~~o Campingplatz
il camper il ˈkamper Wohnmobil
il cane il ˈkane Hund
capire kaˈpire verstehen
capirlo kaˈpirlo ihn verstehen
capirsi kaˈpirßi sich verstehen
capisce kaˈpische er/sie/es versteht; Sie verstehen
capisci kaˈpischi du verstehst
capisco kaˈpißko ich verstehe
capito kaˈpito verstanden
il cappello il kaˈpällo Hut
il cappuccino il kapuˈtschino Cappuccino
la carne la ˈkarne Fleisch
la carne di vitello la ˈkarne di wiˈtällo Kalbfleisch
caro ˈkaro teuer; lieb
la carota la kaˈrota Karotte
la carta geografica la ˈkarta d~~sch~~eoˈgrafika Landkarte
la carta stradale la ˈkarta ßtraˈdale Straßenkarte
il casco il ˈkaßko Helm
il casinò il kasiˈno Kasino
c'è tschä es gibt; da ist
la cena la ˈtschena Abendessen
che ke dass; was für ein/eine/eines; wie; was, der/die/das [rückbezüglich]; als
chiama ˈkjama er/sie/es ruft; Sie rufen
chiama: si chiama ßi ˈkjama er/sie/es heißt; Sie heißen
chiamare kjaˈmare (an)rufen
chiamarsi kjaˈmarßi heißen
chiamate kjaˈmate ihr ruft (an)
chiamate: vi chiamate wi kjaˈmate ihr heißt
chiamato kjaˈmato (an)gerufen

chiami ˈkjami du rufst (an); rufen Sie (an)!
chiami: ti chiami ti ˈkjami du heißt
chiamo: mi chiamo mi ˈkjamo ich heiße
la chiave la ˈkjawe Schlüssel
la chiesa la ˈkjesa Kirche
ci tschi uns; sich; dort, dorthin
ciao ˈtschau hallo; tschüs
il cioccolato il tschokkoˈlato Schokolade
ci si vede tschi ßi ˈwede man sieht sich
ci sono tschi ˈßono es gibt; da sind; ich bin da
ci vuole tschi wuˈole man braucht/benötigt
la colazione la kolaˈzjone Frühstück
come ˈkome wie
con kon mit
il concerto il konˈtschärto Konzert
cosa ˈkosa was
la cosa la ˈkosa Sache; Ding
costa ˈkoßta er/sie/es kostet
costano ˈkoßtano sie kosten
costare koßˈtare kosten
il costume il koßˈtume Badeanzug; Badehose
la cotoletta la kotoˈlätta Schnitzel; Kotelett
la cravatta la kraˈwatta Krawatte
il cuore il kuˈore Herz

D

da da zu; von; seit; aus
dal dall zum; vom; seit dem; aus dem
dall' dall zum; vom; seit dem; aus dem; zur; von der; seit der; aus der [vor Selbstlauten]
dalla ˈdalla zur; von der; seit der; aus der
dalle ˈdalle zu den; von den; seit den; aus den
dare ˈdare geben
del däll vom; etwas
delle ˈdälle von den; ein paar
detto ˈdätto gesagt
di di von; aus; für; als
dice ˈditsche er/sie/es sagt; Sie sagen
dico ˈdiko ich sage
di mattina di matˈtina morgens
dire ˈdire sagen
la discoteca la dißkoˈteka Disko
di sera di ˈßera abends
la doccia la ˈdottscha Dusche
domani doˈmani morgen
dove ˈdowe wo; wohin
due ˈdue zwei

E

e e und
è ä er/sie/es ist; Sie sind
esserci ˈäßßertschi geben, da sein
essere ˈäßßere sein

F

fa fa er/sie/es macht; Sie machen
facciamo fatˈtschamo wir machen
faccio ˈfattscho ich mache
faccio: mi faccio capire mi fattscho kaˈpire ich mache mich verständlich
faccio vedere ˈfattscho weˈdere ich zeige
fanno ˈfanno sie machen
fare ˈfare tun, machen
far male far ˈmale wehtun, schmerzen
farsi capire ˈfarßi kaˈpire sich verständlich machen
far vedere far weˈdere zeigen
fate ˈfate ihr macht
fatto ˈfatto gemacht
il ferro da stiro il ˈfärro da ˈßtiro Bügeleisen
Figurati! fiˈgurati Keine Ursache! *(wenn Sie die angesprochene Person duzen)*
il film il film Film
il fiore il ˈfjore Blume
il fon il fon Föhn
il formaggio il forˈmadd~~sch~~o Käse
il fruttivendolo il fruttiˈwendolo Obsthändler

G

la gamba la ˈgamba Bein
il gatto il ˈgatto Katze
Germania d~~sch~~erˈmanja Deutschland
la giacca la ˈd~~sch~~akka Jacke, Sakko
il gioieliere il d~~sch~~ojeˈljere Juwelier
il giornale il d~~sch~~orˈnale Zeitung
il giorno il ˈd~~sch~~orno Tag
gli ♂ lji die
la gonna la ˈgonna Rock
grande ˈgrande groß
grazie ˈgrazie danke
la gruccia la ˈgruttscha Kleiderbügel

H

ha a er/sie/es hat; Sie haben
hai ˈai du hast
hanno ˈanno sie haben
ho o ich habe
ho bisogno di o biˈsonjo di ich brauche, benötige
l'hotel ♂ loˈtäl Hotel

I

i ♂ i die
ieri ˈjeri gestern
il il der
in in in; auf; an
in più in ˈpju zusätzlich
l'insalata ♀ linßaˈlata Salat

L

l' l der; die [vor Selbstlauten]
la la die; sie [Pronomen, Einzahl]
La la Sie [Pronomen, Einzahl]
la lampadina la lampa'dina Glühbirne
le ♀ le die [Mehrzahl]; ihr; ihnen; Ihnen [Pronomen, Einzahl]
il lettino il let'tino Kinderbett
il letto il 'lätto Bett
la limonata la limo'nata Limonade
lo lo der; ihn, es [Pronomen]

M

ma ma aber; sondern
la macchina la 'makkina Auto
il macellaio il matschel'lajo Metzger
male 'male schlecht [Adverb]
mangi 'mandschi du isst
mangia 'mandscha er/sie/es isst; Sie essen
mangiare man'dschare essen
mangiato man'dschato gegessen
mangio 'mandscho ich esse
la mano la 'mano Hand
il mare il 'mare Meer
la marmellata la marmel'lata Marmelade
la mattina la mat'tina Morgen; Vormittag
me mä mir/mich [betont]
meglio 'meljo besser
meno 'meno weniger, minus
il mercato il mer'kato Markt
il metrò il me'tro U-Bahn
mezza 'mäddsa halb
mi mi mir/mich
la minestra la mi'näßtra Suppe
molto 'molto viel; sehr
la montagna la mon'tanja Gebirge; Berg
la moto la 'moto Motorrad
il museo il mu'seo Museum

N

nel näll im
nella 'nälla in der
niente 'njente nichts
no no nein
noi 'noi wir; uns [betont]
il nome il 'nome Name
non non nicht
non c'è di che non 'tschä di 'ke Keine Ursache!
non … per niente non … per 'njente überhaupt nicht
la notte la 'notte Nacht

O

gli occhiali lji ok'kjali Brille
oggi 'oddschi heute
l'oliva ♀ lo'liwa Olive
l'opera ♀ 'lopera Oper
ora 'ora jetzt, nun

l'ora ♀ ˈlora Stunde; (Uhr-)Zeit
l'orologio ♂ loroˈlod~~sch~~o Uhr
l'ottico ♂ ˈlottiko Optiker

P

pagare paˈgare (be)zahlen
pagato paˈgato bezahlt, gezahlt
il panificio il paniˈfitscho Bäckerei
il passaporto il paßßaˈporto Pass
la pasta la ˈpaßta Nudeln
il pasto il ˈpaßto Mahlzeit
la patata la paˈtata Kartoffel
le patatine le pataˈtine Pommes frites
la pellicola la pelˈlikola Film (*für die Kamera*)
la pensione la penˈßjone Pension
per per für; nach; um zu
perde pärde er/sie/es verliert; Sie verlieren
perdere ˈpärdere verlieren
perdersi ˈpärderßi sich verlaufen, verirren
perdete pärˈdete ihr verliert
perdi ˈpärdi du verlierst
perdiamo pärˈdjamo wir verlieren
perdo ˈpärdo ich verliere
perdono ˈpärdono sie verlieren
per piacere per pjaˈtschere bitte
perso ˈpärßo verloren; verirrt
il pesce il ˈpesche Fisch
piace ˈpjatsche er/sie/es gefällt; Sie gefallen
piacere pjaˈtschere gefallen
il piacere il pjaˈtschere Gefallen
Piacere. pjaˈtschere Sehr erfreut.
piccolo ˈpikkolo klein
il piede il ˈpjede Fuß
la pioggia la ˈpjodd~~sch~~a Regen
la piscina la piˈschina Schwimmbad, Pool
più pju mehr; mehrere
la pizza la ˈpitza Pizza
la polizia la poliˈzia Polizei
il portafoglio il portaˈfoljo Brieftasche
possiamo poßˈßjamo wir können
posso ˈpoßßo ich kann
potere poˈtere können; dürfen
potrebbe poˈträbbe er/sie/es könnte; Sie könnten
potrei poˈträi ich könnte
potuto poˈtuto gekonnt; gedurft
il pranzo il ˈprandso Mittagessen
prego ˈprego bitte
prende ˈprende er/sie/es nimmt; Sie nehmen
prendere ˈprendere nehmen
prendiamo prenˈdjamo wir nehmen
prendo ˈprendo ich nehme
preso ˈpreso genommen

il primo il ˈprimo erster Gang *(beim Essen)*
pronto ˈpronto fertig, bereit
il pullover il pulˈlower Pullover
può puˈo er/sie/es kann; Sie können

Q

qualcosa kualˈkosa (irgend) etwas
qualcuno kualˈkuno (irgend) jemand
quale kuˈale welcher; welche
qual'è kuaˈlä welcher/ welche/welches ist
quali kuˈali welche [Mehrzahl]
quando kuˈando wann; wenn
quanto kuˈanto wie viel
il quarto il kuˈarto Viertel
quello kuˈello jener
questa ♀ kuˈeßta diese
queste ♀ kuˈeßte diese [Mehrzahl]
questi ♂ kuˈeßti diese [Mehrzahl]
questo kuˈeßto dieser
qui kuˈi hier

R

il radiatore il radjaˈtore Heizkörper
la radio la ˈradjo Radio
il regalo il reˈgalo Geschenk
il riso il ˈriso Reis
il ristorante il rißtoˈrante Restaurant
rompere ˈrompere brechen, kaputtmachen
rompersi ˈromperßi sich brechen, kaputtgehen
rosso ˈroßßo rot
rotto ˈrotto kaputt; gebrochen
la roulotte la ruˈlott Wohnwagen
il rubinetto il rubiˈnätto Wasserhahn

S

il salame il ßaˈlame Salami
la saponetta la ßapoˈnätta Handseife
la scarpa la ˈßkarpa Schuh
Scusa. ˈßkusa Entschuldige.
Scusate. ßkuˈsate Entschuldigt.
Scusi. ˈßkusi Entschuldigen Sie./Es tut mir leid.
Scusi? ˈßkusi Wie bitte?
il secondo il ßeˈkondo Hauptgang (*beim Essen*)
sei ˈßäi du bist
la sera la ˈßera Abend
il servizio il ßerˈwizio Service
lo shampoo lo ˈschampo Shampoo
si ßi sich; man
sì ßi ja
siamo ˈßjamo wir sind
Si figuri! ßi fiˈguri Ich bitte Sie!/Keine Ursache!

la sigaretta la ßiga'rätta Zigarette
il soccorso stradale il ßok'korßo ßtra'dale Pannendienst
il sole il 'ßole Sonne
sono 'ßono ich bin; sie sind
la spiaggia la 'ßpjaddscha Strand
sta ßta er/sie/es steht/ist; Sie stehen/sind
lo stadio lo 'ßtadio Stadion
stai 'ßtai du stehst/bist
stare 'ßtare stehen; sein
stasera ßta'ßera heute Abend
state 'ßtate ihr steht/seid
stato 'ßtato gewesen
stiamo 'ßtjamo wir stehen/sind
sto ßto ich stehe/bin
subito 'ßubito sofort
suo 'ßuo sein; ihr; Ihr
il supermercato il ßuper'merkato Supermarkt
Svizzera 'switzera Schweiz

T

la taglia la 'talja Kleidergröße
Tante belle cose! tante bälle 'kose Alles Gute!
tanto 'tanto so viel; so sehr
tardi 'tardi spät
te tä dir/dich [betont]
il tè il tä Tee
il teatro il te'atro Theater
il tempo il 'tempo Wetter; Zeit
la tenda la 'tenda Zelt
ti ti dir/dich
la toilette la toa'lätt Toilette
la torta la 'torta Kuchen, Torte
il tram il tram Straßenbahn
il treno il 'treno Zug
troppo 'troppo zu viel; zu
trova 'trowa er/sie/es findet; Sie finden
trova: si trova ßi 'trowa er/sie/es befindet sich
trovano 'trowano sie finden
trovare tro'ware finden
trovarsi tro'warßi sich befinden
trovate tro'wate ihr findet
trovi 'trowi du findest
troviamo tro'wjamo wir finden
trovo 'trowo ich finde
tua 'tua deine
tuo 'tuo dein
tutte ♀ 'tutte alle
tutto 'tutto alles; ganz
la TV la ti'wu Fernseher

U

l'ufficio ♂ informazioni turistiche luf'fitscho informa'zjoni tu'rißtike Touristeninformation, Fremdenverkehrsamt
un un ein
un' un ein/eine [vor Selbstlauten]
una 'una eine
l'una ♀ 'luna ein Uhr

V

va wa er/sie/es geht; Sie gehen
vado 'wado ich gehe
vai 'wai du gehst
vanno 'wanno sie gehen
vede 'wede er/sie/es sieht; Sie sehen
vederci we'dertschi uns sehen
vedere we'dere sehen
vederla we'derla sie (zu) sehen [Einzahl]
vederLa we'derla Sie (zu) sehen [Einzahl]
vederlo we'derlo ihn sehen
vedermi we'dermi mich sehen
vedersi we'derßi sich sehen
vederti we'derti dich sehen
vedervi we'derwi euch sehen
vedi 'wedi du siehst
vediamo we'djamo wir sehen
il ventilatore il wentila'tore Ventilator
il vestito il weß'tito Kleid
vi wi euch
vicino wi'tschino nah, in der Nähe
la videocamera la wideo'kamera Videokamera
il vino il 'wino Wein
il vino bianco il wino 'bjanko Weißwein
il vino rosso il wino 'roßßo Rotwein
la vista la 'wißta Aussicht
visto 'wißto gesehen
il vitello il wi'tällo Kalb
vogliamo wol'jamo wir wollen
voglio 'woljo ich will
voi 'woi ihr; euch [betont]
volere wo'lere wollen
volete wo'lete ihr wollt
vorrei wor'räi ich würde/hätte gern
vorremmo wor'rämmo wir würden/hätten gern
vorresti wor'räßti du würdest/hättest gern
vostra 'woßtra eure
vostre ♀ 'woßtre eure [Mehrzahl]
vostri ♂ 'woßtri eure [Mehrzahl]
vostro 'woßtro euer
vuoi wu'oi du willst
vuole wu'ole er/sie/es will; Sie wollen

Zahlen

0	**zero**	ˈdsäro
1	**uno**	ˈuno
2	**due**	ˈdue
3	**tre**	trä
4	**quattro**	kuˈattro
5	**cinque**	ˈtschinkue
6	**sei**	ˈßäi
7	**sette**	ˈßätte
8	**otto**	ˈotto
9	**nove**	ˈnowe
10	**dieci**	ˈdjetschi
11	**undici**	ˈunditschi
12	**dodici**	ˈdoditschi
13	**tredici**	ˈtreditschi
14	**quattordici**	kuatˈtorditschi
15	**quindici**	kuˈinditschi
16	**sedici**	ˈßeditschi
17	**diciassette**	ditschaˈßätte
18	**diciotto**	diˈtschotto
19	**diciannove**	ditschaˈnowe
20	**venti**	ˈwenti
21	**ventuno**	wenˈtuno
22	**ventidue**	wentiˈdue
23	**ventitre**	wentiˈträ
24	**ventiquattro**	wentikuˈattro
25	**venticinque**	wentiˈtschinkue
26	**ventisei**	wentiˈßäi
27	**ventisette**	wentiˈßätte
28	**ventotto**	wenˈtotto
29	**ventinove**	wentiˈnowe
30	**trenta**	ˈtrenta
40	**quaranta**	kuaˈranta
50	**cinquanta**	tschinkuˈanta
60	**sessanta**	ßeßˈßanta
70	**settanta**	ßetˈtanta
80	**ottanta**	otˈtanta

90 **novanta** noˈwanta	100 **cento** ˈtschento	101 **centouno** tschentoˈuno	200 **duecento** dueˈtschento
1000 **mille** ˈmille	2000 **duemila** dueˈmila	321 **trecentoventuno** träˈtschentowenˈtuno	
679 **seicentosettantanove** ßäiˈtschentoßettantaˈnowe			

SPRACHTIPP

Achtung: Bei den Zahlen 20 (*venti*) bis 90 (*novanta*) fällt vor 1 (*uno*) und 8 (*otto*) der letzte Buchstabe der Zehnerzahl weg, weil sonst zwei Selbstlaute aufeinander treffen würden. Beispiel:
venti + uno = ventuno, novanta + otto = novantotto.

Wochentage

Montag **lunedì** luneˈdi	Dienstag **martedì** marteˈdi	Mittwoch **mercoledì** merkoleˈdi	Donnerstag **giovedì** ds~~ch~~oweˈdi
Freitag **venerdì** wenerˈdi	Samstag **sabato** ˈßabato	Sonntag **domenica** doˈmenika	